ДИАЛОГ 3-4

Grammatikheft

Cornelsen

Диалог 3–4 *Grammatikheft*

Autor
Thomas Boiselle, *Friedberg*

Beratung
Dr. Petra Runge, *Jena*
Stefan Höhbusch, *Gießen*

Redaktion
Lena Richert
Dr. Uta Röhrborn

Illustrationen
Dorina Tessmann

Covergestaltung
LemmeDESIGN, Berlin

Layout und technische Umsetzung
Marina Goldberg

Umschlagfotos
Fotolia/Viacheslav Lopatin; Adobe Stock/Tryfonov

www.cornelsen.de

1. Auflage, 1. Druck 2019

Alle Drucke dieser Auflage sind inhaltlich unverändert und können im Unterricht nebeneinander verwendet werden.

Druck: Firmengruppe APPL, aprinta Druck, Wemding

ISBN 978-3-06-121705-1

PEFC
PEFC/04-32-0928

PEFC zertifiziert
Dieses Produkt stammt aus nachhaltig bewirtschafteten Wäldern und kontrollierten Quellen.

www.pefc.de

Inhalt – Содержа́ние

Zur Wortbildung – К словообразовáнию

Übungen – Проверь себя!

Symbole und Abkürzungen

DE	Sprachvergleich Deutsch	*Nom.*	Nominativ	*f.*	Femininum
EN	Sprachvergleich Englisch	*Gen.*	Genitiv	*n.*	Neutrum
FR	Sprachvergleich Französisch	*Dat.*	Dativ	*Sg.*	Singular
SPA	Sprachvergleich Spanisch	*Akk.*	Akkusativ	*Pl.*	Plural
LT	Sprachvergleich Latein	*Instr.*	Instrumental	*S.*	Seite
		Präp.	Präpositiv	*v.*	vollendet(er) Aspekt
		m.	Maskulinum	*uv.*	unvollendet(er) Aspekt

Das Verb – Глаго́л

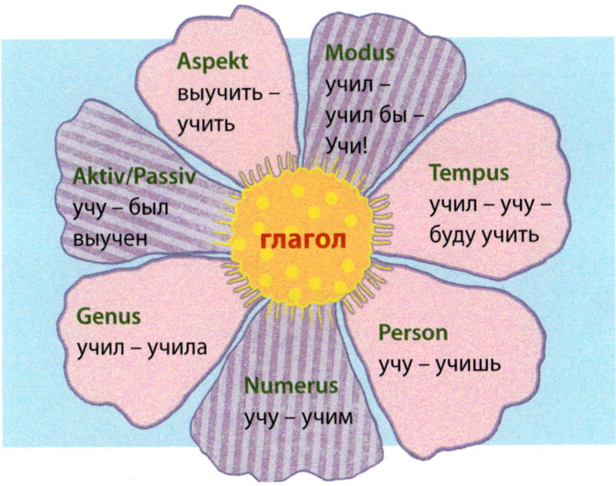

Das kennst du schon!

Charakteristisch für die russischen Verben ist das System der **Aspekte** (vollendet/unvollendet).
Im Satz werden Verben nach **Person** (1.–3.) und **Numerus** (Singular, Plural) verändert und bilden **Tempus**- (Präteritum, Präsens, Futur), **Modus**- (Indikativ, Konjunktiv, Imperativ), **Aktiv**- und **Passivformen** sowie – nur im Präteritum – maskuline, feminine und neutrale Formen (**Genus**).
Weiterhin werden von Verben **Partizipien** und **Adverbialpartizipien** gebildet.

1. Die Aspekte des Verbs
Ви́ды глаго́ла

▶ *Диалог 3* S. 35

Маша весь день читала книгу.
↓
unvollendet
unbestimmte Dauer/Verlauf

Вечером она её прочитала.
↓
vollendet
Ergebnis

Das kennst du schon!

– Der **unvollendete** Aspekt drückt die Dauer einer Handlung oder deren regelmäßige Wiederholung aus.

Den **unvollendeten** Aspekt benutzt du im Präsens immer. Ansonsten helfen dir Signalwörter wie *целый день* (*месяц, год*), *долго, всё время, каждый день* (*месяц, год*), *часто/редко, всегда, обычно.*

– Der **vollendete** Aspekt der Verben betont die Einmaligkeit oder das Ergebnis einer Handlung im Präteritum oder Futur.

Когда бабушка готовила обед, она слушала радио, дедушка работал в саду, а Костя делал уроки.

Den **unvollendeten** Aspekt gebrauchst du auch für parallel ablaufende Handlungen.

Сначала Костя сделал уроки, после этого он пообедал, а потом с дедушкой посмотрел фильм.

Den **vollendeten** Aspekt gebrauchst du für aufeinander folgende Handlungen.

Folgende Signalwörter können dir helfen: *вдруг, потом, сначала, после этого, наконец, в конце концов*

▶ Übungen zu den Aspekten des Verbs findest du auf Seite 42.

2. Die Verben der Fortbewegung
Глаго́лы движе́ния

► *Диалог 3* S. 79

2.1. Die unpräfigierten Verben der Fortbewegung

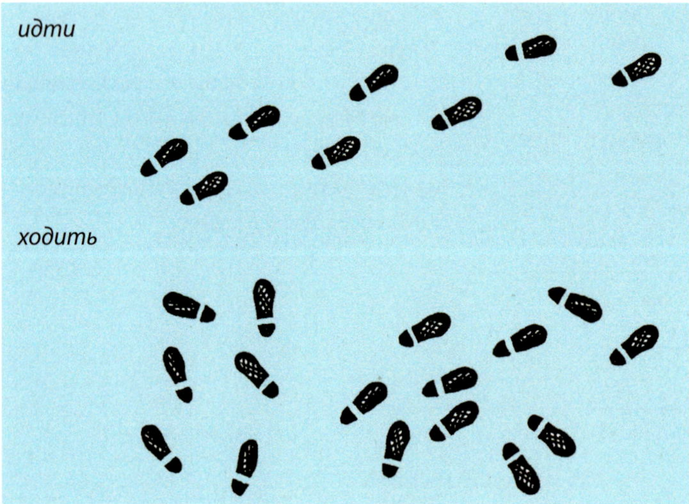

Das kennst du schon!

Unpräfigierte Verben der Bewegung treten zwar immer als Paar auf, gehören aber dem **unvollendeten** Aspekt an und sind somit keine Aspektpartner → *идти – ходить*.

Das eine Verb ist **zielgerichtet** und drückt eine Bewegung in eine bestimmte Richtung aus → *идти*.

Das andere Verb ist **nicht zielgerichtet** und drückt eine Fortbewegung ohne Ziel, die Bewegung hin und zurück oder eine sich wiederholende Bewegung aus → *ходить*.

2.2. Die präfigierten Verben der Fortbewegung

Wenn sich die unpräfigierten Verben der Fortbewegung mit Präfixen räumlicher Bedeutung verbinden, bilden sie Aspektpaare. Eine Übersicht zu den wichtigsten Präfixen findest du auf Seite 38.

Präfix + zielgerichtetes Verb = vollendeter Aspekt
при + идти = прийти

– **Zielgerichtete** Verben mit Präfix bilden den vollendeten Aspekt.
→ *прийти* (beachte die veränderte Schreibweise!)

Präfix + nicht zielgerichtetes Verb = unvollendeter Aspekt
при + ходить = приходить

– **Nicht zielgerichtete** Verben mit Präfix bilden den unvollendeten Aspekt.
→ *приходить*

Обычно самолёт из Москвы в Барнаул вылетал в 6:00 часов, но сегодня он вылетел в 6:15.

Wichtig: Bei präfigierten Verben wird nicht mehr zwischen zielgerichteten und nicht zielgerichteten Verben unterschieden.
Hier gelten die Aspekte → *прийти/приходить*.
Für ihren Gebrauch gilt das, was du schon über die Aspekte gelernt hast.

► Übungen zu den präfigierten Verben der Fortbewegung findest du auf den Seiten 42-43.

3. Die reflexiven Verben
Возвра́тные глаго́лы

► *Диалог 3* S. 51

Präsens	Singular	Plural
1. Person	я занимаю**сь**	мы занимаем**ся**
2. Person	ты занимаешь**ся**	вы занимаете**сь**
3. Person	он/она занимает**ся**	они занимают**ся**

Das kennst du schon!

Reflexive Verben erkennst du an *-ся* bzw. *-сь* am Ende:

– nach **Konsonant** steht ***-ся***;

– nach **Vokal** steht ***-сь***.

Beachte die korrekte Schreibweise:

Infinitiv: ***-ться***

3. Person: ***-тся***

Aussprache der Endung: [-tsə]

Учитель начинает урок. *(nicht reflexiv)*

Урок начинает**ся**. *(reflexiv)*

Reflexive Verben können nie mit einem direkten Objekt im Akkusativ verbunden werden.

Präteritum	
Maskulinum Singular	я, ты, он занимал**ся**
Femininum Singular	я, ты, она занимала**сь**
Plural	мы, вы, они занимали**сь**

Reflexivverben behalten auch im Präteritum *-ся* bzw. *-сь*.

Imperativ	
Singular	занимай**ся**
Plural	занимайте**сь**

Der Imperativ reflexiver Verben wird genauso wie der nicht reflexiver Verben gebildet (⟶ S. 10).

DE

вернуть**ся**/возвращать**ся**	*zurückkommen*
научить**ся**/учить**ся**	*lernen*
остать**ся**/оставать**ся**	*bleiben*
понадеять**ся**/надеять**ся**	*hoffen*
понравить**ся**/нравить**ся**	*gefallen*
посмеять**ся**/смеять**ся**	*lachen*
опоздать/опаздывать	***sich*** *verspäten*
отдохнуть/отдыхать	***sich*** *erholen*
разговаривать	***sich*** *unterhalten*

Russische und deutsche reflexive Verben entsprechen einander nicht immer.

4. Der Imperativ
Императи́в (Повели́тельное наклоне́ние глаго́ла)

▶ Диалог 3 S. 11

Die Imperativformen leitest du vom Präsensstamm ab, indem du die Endung der 3. Person Plural durch -*й*, -*и* oder -*ь* ersetzt.

Infinitiv	3. Person Plural Präsens	Imperativ Singular (Plural)
играть	они игра-ют	играй(те)
танцевать	они танцу-ют	танцуй(те)
петь	они по-ют	пой(те)

1. Endet der Präsensstamm auf einen **Vokal**, dann fügst du -*й* an.

Infinitiv	3. Person Plural Präsens	(1. Person Singular)	Imperativ Singular (Plural)
говорить	они говор-ят	(я говорю́)	говори́(те)
взять	они возьм-ут	(я возьму́)	возьми́(те)
ждать	они жд-ут	(я жду́)	жди́(те)

2. Endet der Präsensstamm auf einen **Konsonanten** und ist die 1. Person Singular **endbetont**, dann fügst du -*и* an.

Bei einigen Verben erfolgt ein Konsonantenwechsel:
сказать → они скажут → скажи(те)
писать → они пишут → пиши(те)

Infinitiv	3. Person Plural Präsens	(1. Person Singular)	Imperativ Singular (Plural)
ответить	они ответ-ят	(я отве́чу)	отве́ть(те)
представить	они представ-ят	(я предста́влю)	предста́вь(те)
составить	они состав-ят	(я соста́влю)	соста́вь(те)

3. Endet der Präsensstamm auf einen **Konsonanten** und ist die 1. Person Singular **stammbetont**, dann fügst du -*ь* an.

Sonderformen

дать → дай(те)
давать → давай(те)
есть → ешь(те)
пить → пей(те)

Der Imperativ reflexiver Verben

Singular	Plural
Занимайся спортом!	Занимайтесь спортом!
Готовься!	Готовьтесь!
Учись!	Учитесь!

Der Imperativ reflexiver Verben wird genauso wie der nicht reflexiver Verben gebildet. Vergiss nicht, das Suffix -*ся* bzw. -*сь* am Ende anzufügen:
– nach -*й* und -*ь* steht -*ся*;
– nach **Vokal** steht -*сь*.

▶ Eine Übung zum Imperativ findest du auf Seite 43.

5. Der Konjunktiv
Сослага́тельное наклоне́ние глаго́ла

▶ *Диалог 3* S. 96

я/ты/он хоте**л**
я/ты/она хоте**ла** + бы
мы/вы/они хоте**ли**

Den Konjunktiv bildest du mit der **Präteritalform** des Verbs **+ *бы***.

Я тебе позвонил/а **бы**.
Ich würde dich anrufen./ Ich hätte dich angerufen.

Дима, я мог **бы** тебе завтра помочь.
Дима, я **бы** мог тебе завтра помочь.
Ich könnte dir morgen helfen.

бы steht normalerweise nach dem Verb.
бы kann auch nach anderen Satzteilen stehen, wenn diese betont werden sollen.

Mit dem Konjunktiv kannst du ein mögliches oder wünschenswertes Geschehen in der Zukunft oder Vergangenheit ausdrücken. Ob sich der Satz auf die Zukunft oder auf die Vergangenheit bezieht, wird im Russischen nur durch den Kontext deutlich.

Вы не могли **бы** закрыть окно? *(Bitte)*
Я так хотела **бы** жить в Нью-Йорке! *(Wunsch)*
Я посоветовала **бы** вам поехать на поезде. *(Ratschlag)*

In einer Bitte wirkt der Konjunktiv mit der Verneinung *не* noch höflicher!

Mit dem Konjunktiv kannst du
- eine höfliche Bitte und
- Wünsche ausdrücken sowie
- Vorschläge machen oder Ratschläge geben.

Если бы сейчас не шёл дождь, ребята пошли **бы** гулять.
Wenn es jetzt nicht regnen würde, würden die Kinder spazieren gehen.

Außerdem brauchst du den Konjunktiv in irrealen Bedingungssätzen (→ S. 33).

▶ Übungen zum Konjunktiv findest du auf Seite 43.

6. Das Passiv
Страда́тельный зало́г

▶ *Диалог 4* S. 72

DE
EN

Фирма моего папы строит здесь новый стадион. → *Aktiv*

Здесь строится новый стадион (фирмой моего папы). → *Passiv*

Im Russischen – wie auch im Deutschen und Englischen – kann eine Handlung aktivisch oder passivisch ausgedrückt werden.
Beim Passiv wird die Handlung betont, die handelnde Person ist oft unbekannt oder weniger wichtig. Wird die handelnde Person genannt, dann steht sie im Instrumental.

Das Passiv unvollendeter Verben

Akkusativobjekt
что?

Директор организует выставку. → *Aktiv*
Выставка организуется директором. → *Passiv*

Du kannst das Passiv mit **unvollendeten** Verben bilden, die ein Akkusativobjekt nach sich ziehen. Dabei wird an die Aktivform des Verbs -***ся***/-***сь*** angefügt.
Von unvollendeten Verben kannst du bisher das Passiv im Präsens bilden.

Das Passiv vollendeter Verben

Русский писатель Борис Пастернак написал роман *Доктор Живаго.* → *Aktiv*

Роман *Доктор Живаго* был написан русским писателем Борисом Пастернаком. → *Passiv*

Das Passiv **vollendeter** Verben kannst du mit der Kurzform des Partizips Präteritum Passiv und dem Hilfsverb ***быть*** bilden.
Von vollendeten Verben kannst du bisher das Passiv in der Vergangenheit bilden.

▶ Übungen zum Passiv findest du auf Seite 44.

7. Die Partizipien Причáстия

Aktiv		
Präsens		
	unvollendet	мальчик, чита**ющ**ий книгу *= мальчик, который читает книгу*
Präteritum		
	vollendet	мальчик, прочита**вш**ий книгу *= мальчик, который прочитал книгу*
	unvollendet	мальчик, чита**вш**ий книгу *= мальчик, который читал книгу*

Partizipien kombinieren die Eigenschaften von Adjektiven mit denen eines Verbs.

– Wie das Verb verfügen sie über Aspekt (vollendet/unvollendet), Tempus (Präteritum/Präsens) und Aktiv/Passiv.

– Wie Adjektive werden sie dekliniert und richten sich in Genus (Maskulinum, Femininum, Neutrum), Numerus (Singular, Plural) und Kasus nach dem Substantiv, auf das sie sich beziehen.

Passiv		
Präsens		
	unvollendet	книга, чита**ем**ая мальчиком *= книга, которую читает мальчик*
Präteritum		
	vollendet	книга, прочита**нн**ая мальчиком *= книга, которую прочитал мальчик*

Partizipien findest du vorwiegend in der Schriftsprache. In der gesprochenen Sprache werden statt der Partizipien eher Konstruktionen mit dem Relativpronomen ***который*** verwendet.

7.1. Das Partizip Präsens Aktiv

▶ Диалог 4 S. 91

	3. Person Plural	Suffix	Partizip Präsens Aktiv	
е-Konj. (читать) (писать)	чита-ют пиш-ут	-ющ- -ущ*-	читающий, -ая/ее/ие пишущий, -ая/ее/ие	*lesend* *schreibend*
и-Konj. (говорить) (лежать)	говор-ят леж-ат	-ящ- -ащ*-	говорящий, -ая/ее/ие лежащий, -ая/ее/ие	*sprechend* *liegend*

* nach Zischlaut

Das Partizip Präsens Aktiv wird von **unvollendeten** Verben gebildet. Du erkennst es an den Suffixen -**ющ**-/-**ущ**- oder -**ящ**-/-**ащ**-.

У детей, играющих в теннис, хорошая реакция.
У играющих в теннис детей хорошая реакция.
= *У детей, которые играют в теннис, хорошая реакция.*

Das Partizip Präsens Aktiv kann vor oder hinter dem Substantiv stehen. Steht das Partizip hinter dem Substantiv, so wird es in Kommata eingeschlossen.

Partizipien reflexiver Verben haben immer, auch nach Vokal, *-ся*:
учиться → учащийся (*m.*),
учащаяся (*f.*),
учащиеся (*Pl.*).

Einige Partizipien haben eine feste Bedeutung:
учащийся, -аяся; -иеся – Lerner, Lernender
следующий,-ая; -ие – folgender, nächster

7.2. Das Partizip Präteritum Aktiv

▶ Диалог 4 S. 91

Infinitiv	Präteritum	Partizip Präteritum Aktiv
(про-)читать	(про-)чита-л	(про-)читавший*, -ая/ее/ие
(на-)писать	(на-)писа-л	(на-)писавший*, -ая/ее/ие
(при-)нести	(при-)нёс	нёсши*, -ая/ее/ие

* Nach Vokalen steht *-вш-*, nach Konsonanten *-ш-*.

Das Partizip Präteritum Aktiv wird von **vollendeten** und **unvollendeten** Verben gebildet. Du erkennst es an den Suffixen -**вш**- oder -**ш**-.

Написавший эти стихи поэт жил в XIX веке.
= *Поэт, который написал эти стихи, жил в XIX веке.*

Поэта, сказавшего эти слова, знают во всём мире.
= *Поэта, который сказал эти слова, знают во всём мире.*

Das Partizip Präteritum Aktiv kann vor oder hinter dem Substantiv stehen. Steht das Partizip hinter dem Substantiv, so wird es in Kommata eingeschlossen.

Sonderformen

идти → шедший
пройти → прошедший

Einige Partizipien haben eine feste Bedeutung:
бывший,-ая/ее/ие – ehemaliger, Ex-
прошедшее время – Vergangenheit, Präteritum

7.3. Das Partizip Präsens Passiv

▶ *Диалог* 4 S. 79

	3. Person Singular Präsens	Suffix	Partizip
е-Konjugation (читать)	чита-ет	-ем-	читаемый, -ая/ое/ые
и-Konjugation (любить)	люб-ит	-им-	любимый, -ая/ое/ые

– всеми читаемые писатели
= *писатели, которых читают все*
die von allen gelesenen Schriftsteller

– проводимое учениками соревнование
= *соревнование, которое проводят ученики*
der von Schülern durchgeführte Wettkampf

В получаемом мной журнале всегда много картинок.

Das Partizip Präsens Passiv wird von **unvollendeten** Verben gebildet. Du erkennst es an den Suffixen ***-ем-/-им-***.

7.4. Das Partizip Präteritum Passiv

▶ *Диалог* 3 S. 60

	Langform	Kurzform
назвать	названный, -ая/ое/ые *genannt; etwas, das genannt worden ist*	назван, -а/о/ы
построить	построенный, -ая/ое/ые *gebaut; etwas, das gebaut worden ist*	построен, -а/о/ы
перевести	переведённый, -ая/ое/ые *übersetzt; etwas, das übersetzt worden ist*	переведён, -á/ó/ы́
закрыть	закрытый, -ая/ое/ые *geschlossen; etwas, das geschlossen worden ist*	закрыт, -а/о/ы

Das Partizip Präteritum Passiv (PPP) wird von **vollendeten** Verben gebildet und hat wie das Adjektiv eine Lang- und eine Kurzform (→ S. 20).

Die Langform erkennst du an den Suffixen ***-нн-/-енн-(-ённ-)/-т-***.

Die Kurzform erkennst du an den Suffixen ***-н-/-ен-(-ён-)*** oder ***-т-***.

В главном здании музея, построенном в XIX веке, проходит интересная выставка. *(Langform des PPP)*

Главное здание музея, в котором проходит интересная выставка, было построено в XIX веке. *(Kurzform des PPP)*

Zusammen mit dem Hilfsverb ***быть*** drückt die Kurzform des PPP das Passiv aus (→ S. 11).

▶ Übungen zu den Partizipien findest du auf den Seiten 44–45.

8. Die Adverbialpartizipien
Деепричáстия

▶ Диалог 4 S. 52

Дима смотрит фильм, едя чипсы.
= *Дима смотрит фильм и ест чипсы.*

Verb → смотрит ← *Haupthandlung*

Adverbialpartizip → едя ← *zusätzliche Handlung*

Adverbialpartizipien sind (wie Adverbien) **unveränderlich**.

Mit Adverbialpartizipien kannst du im Satz eine zusätzliche Handlung zur Haupthandlung einführen.
Das Adverbialpartizip bezieht sich immer auf das Subjekt und die Zeit der Haupthandlung.
Es kann Gleichzeitigkeit oder Vorzeitigkeit zur Haupthandlung ausdrücken.

Gleichzeitigkeit zur Haupthandlung | *Haupthandlung*

Сидя в кафе,
→ Ира читала книгу. *(Präteritum)*
Ira las ein Buch, während sie im Café saß.
→ Ира читает книгу. *(Präsens)*
Ira liest ein Buch, während sie im Café sitzt.
→ Ира будет читать книгу. *(Futur)*
Ira wird ein Buch lesen, während sie im Café sitzen wird.

Gleichzeitigkeit drückst du mit **unvollendeten** Adverbialpartizipien aus.

Vorzeitigkeit zur Haupthandlung | *Haupthandlung*

Прочитав книгу,
→ Ира пошла домой. *(Präteritum)*
Nachdem Ira ihr Buch durchgelesen hatte, ging sie nach Hause.
→ Ира идёт домой. *(Präsens)*
Nachdem Ira ihr Buch durchgelesen hat, geht sie nach Hause.
→ Ира пойдёт домой. *(Futur)*
Nachdem Ira ihr Buch durchgelesen haben wird, wird sie nach Hause gehen.

Vorzeitigkeit drückst du mit **vollendeten** Adverbialpartizipien aus.

EN

Читая книгу → reading a book
Прочитав книгу → having read a book

Aus dem Englischen kennst du das Gerundium („gerund"), welches in vielen Fällen dem russischen Adverbialpartizip entspricht.
Die Adverbialpartizipien werden eher in der Schriftsprache benutzt.

Gleichzeitigkeit – unvollendeter Aspekt

3. Person Plural	Suffix	Adverbialpartizip
открыва-ют	-я	открывая
занима-ют-ся		занимаясь
слыш-ат	-а*	слыша

* nach Zischlaut

Die Adverbialpartizipien, die von **unvollendeten** Verben gebildet werden, erkennst du an dem ***-я***/***-а*** am Ende.

чита-ют ⟶ + -**я** ⟶ чита**я**

Sonderform:
быть ⟶ будучи

DE

Олег писал текст, стоя. *(Gleichzeitigkeit)*
= Когда Олег писал текст, он стоял.
Als/Während Oleg den Text schrieb, stand er./ Oleg schrieb den Text stehend.

Занимаясь спортом, Дима слушает музыку. *(Gleichzeitigkeit)*
= Когда Дима занимается спортом, он слушает музыку.
Während Dima Sport treibt, hört er Musik.

Ins Deutsche kannst du das Adverbialpartizip oft mit einem Nebensatz mit ***als/während*** übersetzen.

Vorzeitigkeit – vollendeter Aspekt

Infinitivstamm auf	Suffix	Adverbialpartizip
Vokal: написа-ть	-в	написав
Konsonant: принес-ти	-ши	принёсши
Vokal + *-ся*: верну-ть-ся	-вши-	вернувшись

Die Adverbialpartizipien, die von **vollendeten** Verben gebildet werden, erkennst du an dem ***-в***/***-ши***/***-вши*** am Ende.

прочита-ть ⟶ + -**в**(**ши**) ⟶ прочита**в**

DE

Приехав домой, Мария пообедала. *(Vorzeitigkeit)*
= После того как Мария приехала домой, она пообедала. (Сначала Мария приехала домой, а потом она пообедала.)
Nachdem Maria zu Hause angekommen war, aß sie zu Mittag.

Вернувшись со школы, Олег начал делать домашнее задание. *(Vorzeitigkeit)*
= После того как Олег вернулся со школы, он начал делать домашнее задание.
Nachdem Oleg aus der Schule zurückgekehrt war, machte er seine Hausaufgaben.

Ins Deutsche kannst du das Adverbialpartizip oft mit einem Nebensatz mit ***nachdem*** übersetzen.

▶ Eine Übung zu den Adverbialpartizipien findest du auf Seite 45.

КТО?
ученики
ученик – ученица

ЧТО?
учебники
учёба

I. Deklination	II. Deklination	III. Deklination
Maskulina auf **Konsonant** bzw. -ь und **Neutra** auf -о oder -е.	Feminina auf -а und -я.	Feminina auf -ь, Neutra auf -мя und das maskuline Substantiv ***путь***.
ученик, учитель, окно, море	мама, Таня	площадь, время

Das kennst du schon!

Charakteristisch für die russischen Substantive ist die **Belebtheit/Unbelebtheit** und das **Genus** (Maskulinum, Femininum, Neutrum). Substantive werden entsprechend ihrer Deklinationsart (I., II., III. Deklination) nach **Numerus** (Singular, Plural) und **Kasus** (Nominativ, Genitiv, Dativ, Akkusativ, Instrumental, Präpositiv) verändert.

Maskuline Substantive auf *-а* werden dekliniert wie feminine Substantive auf *-а*.
Это машина моего папы и моей мамы.

1. Die III. Deklination
III склоне́ние

► *Диалог 3* S. 12

	Singular	Plural
Nom.	пло́щадь	пло́щади
Gen.	пло́щади	площаде́й
Dat.	пло́щади	площадя́м
Akk.	пло́щадь	пло́щади
Instr.	пло́щадью	площадя́ми
Präp.	(о) пло́щади	(о) площадя́х

Nach der III. Deklination werden feminine Substantive auf -ь sowie das maskuline Substantiv ***путь*** (außer im Instrumental: *путём*) dekliniert.

Sonderformen *мать* und *дочь*

DE
EN
LT

	Singular		Plural	
Nom.	мать	дочь	ма́тери	до́чери
Gen.	ма́тери	до́чери	матере́й	дочере́й
Dat.	ма́тери	до́чери	матеря́м	дочеря́м
Akk.	мать	дочь	матере́й	дочере́й
Instr.	ма́терью	до́черью	матеря́ми	дочеря́ми дочерьми́
Präp.	(о) ма́тери	(о) до́чери	(о) матеря́х	(о) дочеря́х

Eine Besonderheit ist die Erweiterung um ***-ер-***.

Du kennst **-er** auch aus anderen Sprachen.
dt.: Mutt**er**, Tocht**er**
engl.: moth**er**, daught**er**
lat.: mat**er**

Neutra auf *-мя*

	Singular	Plural
Nom.	вре́мя	времена́
Gen.	вре́мени	времён
Dat.	вре́мени	времена́ми
Akk.	вре́мя	времена́
Instr.	вре́менем	времена́ми
Präp.	(о) вре́мени	(о) времена́х

Bei den Substantiven auf *-мя* wird ***-ен-*** eingefügt.

▶ Eine Übung zur III. Deklination findest du auf Seite 45.

2. Die Deklination von Familiennamen Склоне́ние фами́лий ▶ *Диалог 4* S. 32, 55

2.1. Familiennamen auf *-ин(а)/-ын(а)* und *-ов(а)/-ев(а)/-ёв(а)*

	Singular		Plural
	Maskulinum auf -**ин**/-**ов**	Femininum auf -**ина**/-**ова**	
Nom.	Соро́кин	Соро́кина	Соро́кины
Gen.	Соро́кина	Соро́киной	Соро́киных
Dat.	Соро́кину	Соро́киной	Соро́киным
Akk.	Соро́кина	Соро́кину	Соро́киных
Instr.	Соро́киным	Соро́киной	Соро́киными
Präp.	(о) Соро́кине	(о) Соро́киной	(о) Соро́киных

Familiennamen auf *-ин(а)/-ын(а)* und *-ов(а)/-ев(а)/-ёв(а)* werden teils wie Adjektive und teils wie Substantive dekliniert.

2.2. Familiennamen auf *-ий/-ая* und *-óй/-áя*

	Singular		
	Maskulinum		Femininum
	auf **-ий**	auf **-óй**	auf **-ая**
Nom.	Достоéвский	Толстóй	Плисéцкая
Gen.	Достоéвского	Толстóго	Плисéцкой
Dat.	Достоéвскому	Толстóму	Плисéцкой
Akk.	Достоéвского	Толстóго	Плисéцкую
Instr.	Достоéвским	Толсты́м	Плисéцкой
Präp.	(о) Достоéвском	(о) Толстóм	(о) Плисéцкой

Familiennamen auf *-ий/-ая*; *-óй/-áя* werden wie Adjektive dekliniert.

	Plural	
	auf **-ие/-ые**	
Nom.	Плисéцкие	Толсты́е
Gen.	Плисéцких	Толсты́х
Dat.	Плисéцким	Толсты́м
Akk.	Плисéцких	Толсты́х
Instr.	Плисéцкими	Толсты́ми
Präp.	(о) Плисéцких	(о) Толсты́х

Это семья Полевских.

2.3. Indeklinable Familiennamen

Eine Reihe von Familiennamen werden nicht dekliniert, z. B. Namen ukrainischer Herkunft auf -***ко***/-***енко***: *Нетрéбко, Макáренко.*

Deutsche Familiennamen enden meist auf einen Konsonanten und werden daher wie männliche Substantive behandelt. Beziehen sie sich allerdings auf eine weibliche Person, werden sie nicht dekliniert.

▸ Eine Übung zu Familiennamen findest du auf Seite 46.

Das Adjektiv – И́мя прилага́тельное

1. Die Lang- und die Kurzform des Adjektivs
По́лная и кра́ткая фо́рмы прилага́тельного

► *Диалог 4* S. 39

Maskulinum	Femininum	Neutrum	Plural
-ый (-о́й)/-ий	**-ая/-яя**	**-ое/-ее**	**-ые/-ие**
нов**ый**	нов**ая**	нов**ое**	нов**ые**
больш**о́й**	больш**а́я**	больш**о́е**	больш**и́е**
син**ий**	син**яя**	син**ее**	син**ие**

Das kennst du schon!
Du kennst schon die Langform des Adjektivs.

Das Adjektiv in der **Langform** wird nach Genus, Numerus und Kasus des Substantivs, auf das es sich bezieht, verändert.

Singular			Plural
Maskulinum	Femininum	Neutrum	
красив	красив**а**	красив**о**	красив**ы**

Die **Kurzform** wird nur nach Genus und Numerus verändert.

Der Gebrauch von Lang- und Kurzform

Женя читал интересную книгу. *(attributiv)*
Эта книга интересная. *(prädikativ)*

Эта книг**а** очень интересн**а**. *(prädikativ)*

Die **Langform** verwendest du attributiv oder prädikativ.

Die **Kurzform** kannst du nur prädikativ verwenden.

Платье ко́ротко.
Das Kleid ist zu kurz. → *Zuwenig einer Eigenschaft*
Она больна́.
Sie ist (im Moment) krank. → *zeitliche Begrenzung*
Она краси́ва.
Sie ist hübsch. → *subjektive Wertung*

Mit der Kurzform kannst du folgende Bedeutungen ausdrücken:
– ein Zuviel/Zuwenig einer Eigenschaft;
– eine zeitliche Begrenzung;
– eine persönliche (subjektive) Wertung.

Die Kurzform (Neutrum) gebrauchst du z. B., wenn *это* oder *всё* das Subjekt des Satzes ist.

Einige Adjektive treten als Prädikat nur in der Kurzform auf:
– *рад, рада, рады*
– *согласен, согласна, согласны*

2. Die Steigerung des Adjektivs
Сте́пени сравне́ния прилага́тельного

	zusammengesetzte Form	einfache Form
Komparativ	более интересный	интереснее
Superlativ	самый интересный интереснее всего/всех	интереснейший

Bei der Bildung der Steigerungsformen (Komparativ und Superlativ) unterscheidet man zwischen zusammengesetzter und einfacher Form.

2.1. Der Komparativ

► *Диалог 3* S. 15, 19

Der zusammengesetzte Komparativ

Максим читает интересную книгу.
Рита читает более интересную книгу.

EN бо́лее интересный → engl. *more interesting*
FR → frz. *plus intéressant*
SPA → span. *más interesante*

Der zusammengesetzte Komparativ wird mit ***бо́лее*** (*mehr*) bzw. ***ме́нее*** (*weniger*) und der deklinierten Form des Adjektivs gebildet. Dabei wird das Adjektiv nach Genus, Numerus und Kasus an das Substantiv angeglichen.

бо́лее/ме́нее wird nicht verändert.

Der einfache Komparativ

Максим читает интересную книгу, но книга Риты интереснее.

Den einfachen Komparativ bildest du, indem du *-ee* an den Stamm des Adjektivs anfügst.
Die Form des einfachen Komparativs ist **unveränderlich**.

дорого́й, -а́я/о́е/и́е → доро́же молодо́й, -а́я/о́е/ы́е → моло́же ни́зкий, -ая/ое/ие → ни́же	гро́мкий, -ая/ое/ие → гро́мче я́ркий, -ая/ое/ие → я́рче коро́ткий, -ая/ое/ие → коро́че
ти́хий, -ая/ое/ие → ти́ше	сла́дкий, -ая/ое/ие → сла́ще чи́стый, -ая/ое/ые → чи́ще

Bei einigen Komparativformen liegt ein Konsonantenwechsel vor.

Sonderformen

Adjektiv	Komparativ	Adjektiv	Komparativ
большо́й, -а́я/о́е/и́е	бо́льше	ма́ленький, -ая/ое/ие	ме́ньше
высо́кий, -ая/ое/ие	вы́ше	плохо́й, -а́я/о́е/и́е	ху́же
далёкий, -ая/ое/ие	да́льше	ста́рый, -ая/ое/ые	ста́рше
дешёвый, -ая/ое/ые	деше́вле	хоро́ший, -ая/ее/ие	лу́чше

Betonung

Komparative auf -***e*** sind immer stammbetont.
Komparative auf -***ee***:
– Bei zweisilbigen Adjektiven wird oft das erste -*e* der Endung betont.
– Bei drei- und mehrsilbigen Adjektiven bleibt die Betonung meistens auf dem Stamm.

Der Vergleich

Санкт-Петербург краси́вее, **чем** Москва?

Das Vergleichswort steht im selben Kasus wie das Wort, mit dem verglichen wird.

Санкт-Петербург краси́вее Москвы.

Das Vergleichswort steht im Genitiv.

Einen Vergleich kannst du auf zwei Arten ausdrücken:
– mit der Konjunktion ***чем*** (*als*),
– mit dem **Genitiv** des Vergleichswortes.

Vor *чем* steht immer ein Komma.

2.2. Der Superlativ ▶ *Диалог 3* S. 72

Der zusammengesetzte Superlativ

EN
FR

Санкт-Петербург самый красивый город России.
~ the *most beautiful* town
~ la *plus belle* ville

Den zusammengesetzten Superlativ bildest du mit ***самый***, *-ая/ое/ые* + **Adjektiv**.
самый wird wie ein Adjektiv dekliniert und nach Genus, Numerus und Kasus verändert.

Der Superlativ zu *хороший* ist *самый лучший*.

Den Superlativ kann man auch ausdrücken, indem man die **einfache Komparativform** + ***всех/всего*** verwendet. Dabei steht *всех* bei einem Vergleich zählbarer Personen oder Gegenstände. Ansonsten steht *всего*.

Der einfache Superlativ

красив-ый → красив-е́йш-ий – *der schönste; wunderschön, bildschön*
высок-ий → высоч-а́йш-ий – *der höchste; äußerst hoch*

Зимний дворец – важнейший архитектурный памятник Санкт-Петербурга.

Der einfache Superlativ wird mit dem Suffix -***ейш***- oder -***айш***- + **Adjektivendung** gebildet. Der einfache Superlativ drückt sowohl den höchsten Grad eines Merkmals als auch (nur) einen sehr hohen Grad aus. Formen des einfachen Superlativs findet man vor allem in der Schriftsprache.

▶ Übungen zur Steigerung der Adjektive findest du auf Seite 46.

Das Adverb – Наре́чие

Adjektive dienen dazu, Substantive (z. B. Personen oder Gegenstände) zu beschreiben.	Вадим хорош<u>ий</u> <u>ученик</u>. Зина хорош<u>ая</u> <u>ученица</u>.
Adverbien dienen zur Charakterisierung von Verben, Adjektiven und anderen Adverbien.	Вадим хорош<u>о</u> <u>учится</u>. Зина хорош<u>о</u> <u>учится</u>.

Das kennst du schon!

Adjektive werden nach **Numerus**, **Genus** und **Kasus** verändert.

Adverbien werden **nicht verändert**.

1. Modaladverbien Наре́чия о́браза де́йствия

Настя <u>быстро</u> сказала: «Давай, встретимся!»

Мне это <u>интересно</u>.
холодный → холодно
большой → больше
исторический → исторически

русский → по-русски

Modaladverbien (Adverbien der Art und Weise) sind meistens von Adjektiven abgeleitet. Sie geben an, <u>wie</u> *(как?)* oder <u>auf welche Weise</u> Handlungen ausgeführt werden.

Modaladverbien können außerdem prädikativ gebraucht werden.
Sie werden von Adjektiven mit unterschiedlichen Suffixen abgeleitet:
– -***o*** nach hartem Stammauslaut;
– -***e*** nach weichem Stammauslaut;
– -***u*** von Adjektiven auf *-ский, -ская.*

Sprachbezeichnungen als Adverb werden mit ***по-*** und dem Suffix -***u*** gebildet.

2. Lokal- und Temporaladverbien Наре́чия ме́ста и вре́мени

▶ *Диалог 3* S. 91

Adverbien des Ortes

слева везде справа здесь Куда? Где? откуда? далеко там дома

Adverbien der Zeit

зимой сначала вчера Когда? летом потом завтра утром

Lokal- und Temporaladverbien (Adverbien des Ortes und der Zeit) werden, im Unterschied zu den Adverbien der Art und Weise, in der Regel nicht von Adjektiven abgeleitet.

3. Indefinitadverbien Неопределённые наре́чия

▶ *Диалог 3* S. 32 ; Диалог 4 S. 20

где	→	**где-нибудь, где-то**	*irgendwo*
куда́	→	**куда́-нибудь, куда́-то**	*irgendwohin*
когда́	→	**когда́-нибудь, когда́-то**	*irgendwann*
как	→	**как-нибудь, как-то**	*irgendwie*

Die Indefinitadverbien bildest du mit einem **Frageadverb** + -***нибудь*** oder -***то***.

Der Gebrauch der Indefinitadverbien

Я хочу летом **куда-нибудь** поехать.
Ich möchte im Sommer irgendwohin fahren.

-***нибудь*** verwendest du, wenn die Umstände der Handlung unbekannt sind bzw. wenn sie nicht näher bestimmt werden.

Мой друг **куда-то** уехал.
Mein Freud ist irgendwohin gefahren.

-***то*** verwendest du, wenn der Sprecher die Umstände der Handlung nicht nennen kann oder will.

4. Negativadverbien
Отрица́тельные наре́чия

▶ *Диалог 3* S. 31

когда́?	→	**никогда́**	*nie*
где?	→	**нигде́**	*nirgendwo, nirgends*
куда́?	→	**никуда́**	*nirgendwohin*

Никогда не говори «никогда»!

Negativadverbien werden mit ***ни***- und dem **Fragepronomen** gebildet.

Bei der Verwendung der Negativadverbien musst du auch das Verb noch einmal verneinen.

5. Die Steigerung der Adverbien
Сте́пени сравне́ния наре́чий

▶ *Диалог 3* S. 15, 19

Лара хорошо говорит по-русски.
Мария говорит по-русски **лучше**, чем Лара. *(Komparativ)*
Тим говорит по-русски **лучше всех**. *(Superlativ)*

Adverbien auf -***о***/-***е*** können gesteigert werden. Sie bilden Komparativ und Superlativ.

5.1. Der Komparativ

zusammengesetzter Komparativ	*бо́лее/ме́нее + Adverb* → более/менее интересно

Смотреть фильмы в кино **более интересно**, чем дома.

einfacher Komparativ	*Stamm des Adverbs + -ее/-е* → интереснее

Смотреть фильмы в кино **интереснее**, чем дома.

Den Komparativ der Adverbien kannst du wie den Komparativ der Adjektive auf zwei Arten bilden, als zusammengesetzten oder einfachen Komparativ (→ S. 21).

5.2. Der Superlativ

Den Superlativ der Adverbien drückst du mit dem **einfachen Komparativ** + ***всех/всего*** aus (→ S. 22).

▶ Übungen zu den Adverbien findest du auf Seite 47.

1. Die Possessivpronomen
Притяжáтельные местоимéния

Das kennst du schon!
Du kennst schon die Possessivpronomen *мой* und *твой* sowie *наш* und *ваш*. Du weißt, dass sie sich in Genus, Numerus und Kasus nach dem dazugehörigen Substantiv richten.

1.1. Die Possessivpronomen der 1. und 2. Person

▶ *Диалог 3* S. 55

	Singular			Plural
	Maskulinum	Neutrum	Femininum	
Nom.	мой/наш	моё/нáше	моя́/нáша	мои́/нáши
Gen.	моего́/нáшего		моéй/нáшей	мои́х/нáших
Dat.	моему́/нáшему		моéй/нáшей	мои́м/нáшим
Akk.	мой/наш*	моё/нáше	мою́/нáшу	мои́/нáши*
Instr.	мои́м/нáшим		моéй/нáшей	мои́ми/нáшими
Präp.	(о) моём/нáшем		(о) моéй/нáшей	мои́х/нáших

* Akk. belebt = Gen.

мой/твой und ***наш/ваш*** haben im Plural für alle drei Geschlechter jeweils die gleichen Formen.

твой und *ваш* werden wie *мой* und *наш* dekliniert.

1.2. Die Possessivpronomen der 3. Person

▶ *Диалог 3* S. 55

Die Possessivpronomen der 3. Person ***его***, ***её*** und ***их*** werden nicht verändert. Sie richten sich nach dem Geschlecht (Genus) und/oder der Anzahl (Numerus) des Besitzers. Der Kasus spielt dabei keine Rolle.

1.3. Das reflexive Possessivpronomen *свой*

▶ *Диалог 3* S. 59

Витя читает **свою** книгу, а Костя читает **свою** книгу.

Das reflexive Possessivpronomen ***свой*** bezieht sich immer auf das Subjekt des Satzes und kann je nach Person die Bedeutung des Singulars (mein, dein, sein, ihr) oder des Plurals (unser, euer, ihr) haben.

свой, своя, своё, свои haben die gleichen Endungen wie *мой, моя, моё, мои*.

DE
EN

Света любит **своего** друга. Вера любит ее друга. (*= друга Светы*)

– Ты выпил свой чай? = *Ты выпил твой чай?*
– Да, я выпил свой чай. = *Да, я выпил мой чай.*

свой kann als Reflexivpronomen nicht im Nominativ stehen:
Костя и **его** друг Саша смотрят телевизор.
(Костя со **своим** другом Сашей смотрит телевизор.)

Wenn wir im Deutschen oder Englischen sagen „mit seiner Freundin"/„with his friend", müssen wir aus dem Kontext entscheiden, ob es sich um die eigene Freundin oder die einer dritten Person handelt.
Das russische *свой* ist hier eindeutiger:
– die eigene Freundin:
Он говорит со ***своей*** *подругой.*
– die Freundin einer dritten Person:
Он говорит с ***его*** *подругой.*

In der 1. und 2. Person kannst du anstelle von *свой* auch *мой* und *твой* bzw. *наш* und *ваш* verwenden.
Willst du aber eine Zugehörigkeit in der 3. Person ausdrücken, sind *свой* und *его/её/их* nicht austauschbar.

2. Die Interrogativpronomen (Fragepronomen) Вопросúтельные местоимéния

► *Диалог 3* S. 51

Das kennst du schon!
Du kennst schon die Interrogativpronomen *кто?*, *что?* und *какой?* und ihre Deklination.

DE
EN

Singular	Maskulinum	**Чей** это мяч?	*Wessen Ball ist das?*
	Femininum	**Чья** это сумк**а**?	*Wessen Tasche ist das?*
	Neutrum	**Чьё** это плать**е**?	*Wessen Kleid ist das?*
Plural		**Чьи** это дети?	*Wessen Kinder sind das?*

О чьей картине вы говорите?
Über wessen Gemälde sprecht ihr?
На чьём смартфоне ты играешь?
Auf wessen Smartphone spielst du?

Die Interrogativpronomen ***чей?***, ***чья?***, ***чьё?***, ***чьи?*** werden im Unterschied zum deutschen *wessen?* und englischen *whose?* immer dem Genus, Numerus und Kasus des Besitzes angeglichen.

Sie werden weitgehend wie Adjektive mit weichem Stammauslaut dekliniert. Die deklinierten Formen werden aber selten verwendet.

3. Die Demonstrativpronomen
Указáтельные местоимéния

▶ *Диалог 3* S. 39

У этого нового романа интересный конец.

Das kennst du schon!

Die Demonstrativpronomen ***э́тот, э́та, э́то, э́ти*** werden weitgehend wie Adjektive dekliniert.

	Singular			Plural
	Maskulinum	Neutrum	Femininum	
Nom.	**тот**	**то**	**та**	**те**
Gen.	**тогó**		**той**	**тех**
Dat.	**томý**		**той**	**тем**
Akk.	**тот/тогó***	**то**	**ту**	**те/тех***
Instr.	**тем**		**той**	**тéми**
Präp.	(о) **том**		**той**	**тех**

* unbelebt = Nom., belebt = Gen.

Die Demonstrativpronomen ***тот, та, то, те*** (jener, jene, jenes, jene) werden weitgehend wie *этот, эта, это* dekliniert.

Der Gebrauch der Demonstrativpronomen

этот (*dieser*) ist räumlich und zeitlich näher, ***тот*** (*jener*) weiter entfernt.

4. Die Negativpronomen
Отрицáтельные местоимéния

▶ *Диалог 3* S. 31

кто	→	**никтó**	*niemand, keiner*
что	→	**ничтó***, **ничегó**	*nichts*
какóй	→	**никакóй**	*kein, keinerlei, gar kein*

* *ничтó* wird selten gebraucht; häufiger ist *ничегó.*

Nom.	никтó	ничтó
Gen.	никогó	ничегó
Dat.	никомý	ничемý
Akk.	никогó	ничтó/ничегó
Instr.	никéм	ничéм
Präp.	ни о ком	ни о чём

Die Negativpronomen werden mit ***ни-*** **+ Fragepronomen** gebildet. Dabei ist *ни-* immer unbetont.

Die Negativpronomen werden wie die entsprechenden Fragepronomen dekliniert.

Verwendung der Negativpronomen im Satz

Bei der Verwendung der Negativpronomen mit ***ни***- musst du im Unteschied zum Deutschen auch das Verb noch einmal verneinen.

– С кем ты встречаешься?	– Я ни с кем не встречаюсь.
– О ком ты говоришь?	– Я ни о ком не говорю.
– О чём ты говоришь?	– Я ни о чём не говорю.

Bei Negativpronomen in Verbindung mit einer Präposition steht diese zwischen ***ни*** und dem Pronomen.

5. Die Indefinitpronomen Неопределённые местоимéния

▶ *Диалог 3* S. 32; *Диалог 4* S. 20

кто	→	**кто-нибудь**, **кто-то**	*(irgend)jemand*
что	→	**что-нибудь**, **что-то**	*(irgend)etwas*
какóй	→	**какóй-нибудь**, **какóй-то**	*(irgend)ein*

У кого-нибудь есть какие-нибудь вопросы?

Die Indefinitpronomen bildest du mit einem **Fragepronomen** + -***нибудь*** oder-***то***.

Die Indefinitpronomen werden wie die entsprechenden Fragepronomen dekliniert.

Der Gebrauch der Indefinitpronomen

Она хочет почитать **какую-нибудь** книгу.
*Sie möchte gerne (**irgend**)**ein** Buch lesen.*

-***нибудь*** verwendest du, wenn der Sachverhalt oder die Person unbekannt ist bzw. wenn sie nicht näher bestimmt werden.

Он читает **какую-то** книгу.
*Er liest **ein** Buch.*

-***то*** verwendest du, wenn der Sprecher den Sachverhalt oder die Person nicht nennen kann oder will.

6. Das Determinativpronomen *весь* Определи́тельное местоиме́ние *весь*

▶ *Диалог 3* S. 76

	Singular			Plural
	Maskulinum	Neutrum	Femininum	
Nom.	весь	всё	вся	все
Gen.	всего́		всей	всех
Dat.	всему́		всей	всем
Akk.	весь/всего́*	всё	всю	все/всех*
Inst.	всем		всей	всéми
Präp.	(обо) всём		(о) всей	(о) всех

* unbelebt = Nom., belebt = Gen.

Das Pronomen *весь* hat folgende Bedeutungen:
– *весь* + Substantiv im Singular → *ganz*
z. B. весь мир – *die ganze Welt*
– *все* + Substantiv im Plural → *alle*
z. B. все дети – *alle Kinder*
Beispiele für Zeitangaben mit *весь*:
всё время – *die ganze Zeit*
всю неделю – *die ganze Woche*

Im Unterschied zu ***целый*** *(ganz)* wird ***весь*** *(ganz)* im Deutschen mit dem bestimmten Artikel übersetzt:
весь *день* – **den** ganzen Tag (lang)
целый *день* – **einen** ganzen Tag (lang)

Auch den Superlativ kannst du mit einer Form von *весь* bilden (→ S. 22, 24).

7. Das Reziprokpronomen *друг дру́га* Взаимное местоиме́ние *друг дру́га*

▶ *Диалог 4* S. 15

Gen.	(жить) друг без дру́га
Dat.	(помогать) друг дру́гу
Akk.	(любить) друг дру́га
Instr.	(работать) друг с дру́гом
Präp.	(думать) друг о дру́ге

Ира и Юра любят говорить **друг с другом**.

Das Reziprokpronomen (wechselseitiges Fürwort) ***друг друга*** bezieht sich auf zwei verschiedene Personen (oder Personengruppen) im Satz und drückt eine wechselseitige Beziehung aus.

друг друга hat keinen Nominativ, nur das zweite Element wird wie ein Substantiv dekliniert. Die Präposition steht zwischen beiden Elementen.

DE EN

Bitte nicht verwechseln:
друг – *der Freund*
друго́й – *der Andere*
друг друга – *einander, gegenseitig*

Reziprokpronomen sind z. B. dt. *einander, gegenseitig* oder engl. *one another, each other*.

▶ Übungen zu den Pronomen findest du auf den Seiten 48–50.

1. Die Deklination der Grundzahlwörter Склоне́ние коли́чественных числи́тельных

▶ *Диалог 4 S. 76*

Das kennst du schon!

Die Zahlen von 0 bis 100 und von 100 bis 1 000 000 kennst du schon.

Zahlen von 0 bis 20:

Nach dem Zahlwort ***ноль*** steht das Substantiv im Genitiv Plural.

Nach **1** steht das Substantiv im Nominativ Singular, nach **2**, **3** und **4** im Genitiv Singular.

Nach den Zahlen **von 5 bis 20** musst du den Genitiv Plural verwenden.

Zusammengesetzte Zahlen ab 20:

Bei den zusammengesetzten Zahlen, also bei den Zahlen **ab 20**, bestimmt die letztgenannte Ziffer den Kasus des folgenden Substantivs:

1 ⟶ Nom. Sg.; 2, 3, 4 ⟶ Gen. Sg.; 5–9 ⟶ Gen. Pl.

Nach den vollen Zehnerzahlen (also 30, 40, …) verwendest du den Genitiv Plural.

От ноля до одного

	0
Nom.	ноль
Gen.	ноля́
Dat.	нолю́
Akk.	ноль
Instr.	нолём
Präp.	(о) ноле́

ноль oder ***нуль*** wird wie ein maskulines Substantiv dekliniert.

	1		
	Maskulinum	Neutrum	Femininum
Nom.	оди́н	одно́	одна́
Gen.	одного́		одно́й
Dat.	одному́		одно́й
Akk.	оди́н/одного́*	одно́	одну́
Instr.	одни́м		одно́й
Präp.	(об) одно́м		(об) одно́й

* unbelebt = Nom., belebt = Gen.

оди́н, одна́, одно́, одни sind immer endbetont.

одни steht bei Substantiven, die nur im Plural vorkommen:

одни джинсы – eine Jeans, ein Paar Jeans

От двух до четырёх

	2		3	4
	Maskulinum/ Neutrum	Femininum		
Nom.	два	две	три	четы́ре
Gen.	двух		трёх	четырёх
Dat.	двум		трём	четырём
Akk.	два/двух*	две	три/трёх*	четы́ре/четырёх*
Instr.	двумя́		тремя́	четырьмя́
Präp.	двух		трёх	четырёх

* unbelebt = Nom., belebt = Gen.

От пяти до двадцати

	5, 6, 7, 8, 9 ...	20
Nom.	пять	два́дцать
Gen.	пяти́	двадцати́
Dat.	пяти́	двадцати́
Akk.	пять	два́дцать
Instr.	пятью́	двадцатью́
Präp.	пяти́	(о) двадцати́

5 bis 20 werden wie Substantive der III. Deklination verändert.

2. Bruch- und Dezimalzahlen Дро́бные числи́тельные

▶ *Диалог 3* S. 92

Das kennst du schon!

процент ist ein maskulines Substantiv, deshalb steht:

– nach 1	→ *Nom. Sg.:*	21 процент
– nach 2, 3, 4	→ *Gen. Sg.:*	22 процента
– nach 5, 6, 7, 8, 9	→ *Gen. Pl.:*	99 процентов
		100 процентов

Bruchzahlen

$\frac{1}{5}$ одна пятая

Die Bruchzahlen beziehen sich auf das feminine Substantiv *часть*, deshalb haben sie sowohl im Zähler als auch im Nenner die gleiche Endung wie feminine Adjektive.

Bei **Bruchzahlen** benutzt du
– für den Zähler das **Grundzahlwort**
– und für den Nenner das **Ordnungszahlwort**.
Bei 1 im Zähler stehen Zähler und Nenner im Nominativ Femininum ⟶ *одна пятая*.

$\frac{2}{10}$ две десят**ых**

$\frac{3}{10}$ три десят**ых**

$\frac{7}{100}$ семь сот**ых**

Ab 2 im Zähler steht der Nenner im Genitiv Plural.

Wenn du eine Statistik erklärst, kannst du Bruchzahlen auch so ausdrücken:

½	одна вторая	или	полови́на	– *die Hälfte*
⅓	одна третья	или	треть *(f.)*	– *ein Drittel*
¼	одна четвёртая	или	че́тверть *(f.)*	– *ein Viertel*

Ab 2 stehen *треть* und *четверть* im *Gen.*:

⅔ две трети

¾ три четверти

Dezimalzahlen

1, 5 ($1\frac{5}{10}$) ⟶ одна целая и пять десят**ых**

Bei Dezimahlzahlen (gemischten Zahlen mit Bruchzahl) verwendet man für die Nennung der ganzen Zahl das Wort ***целый*** in der entsprechenden Form.

0 – ноль целых
1 – одна целая
ab 2 – две целых, 5 – пять целых

0,0 – ноль десятых
0,1 – одна десятая
ab 0,2 – две десятых, 0,5 – пять десятых

Одна пятая учеников пользуются социальными сетями.
Больше половины мальчиков нашей школы любят футбол.
80 % жителей города рады новым реформам.

Nach Bruchzahlen, Mengen- und Prozentangaben stehen Substantive, die eine Person bezeichnen, im Genitiv Plural.

▶ Übungen zum Zahlwort findest du auf den Seiten 50–51

Die Sätze – Предложе́ния

1. Die doppelten Konjunktionen
Двойны́е сою́зы

▶ *Диалог 4* S. 15

Я говорю **и** по-английски, **и** по-русски.
А ты можешь что-нибудь сказать **или** по-английски, **или** по-русски?
А мой брат не говорит **ни** по-английски, **ни** по-русски.

FR

Auch im Französischen sind in den doppelten Konjunktionen beide Elemente identisch:

и …, и …	et … et …
ни …, ни …	ni … ni …
или …, или …	ou … ou …

Im Russischen wie auch im Französischen oder Deutschen gibt es doppelte Konjunktionen:
и …, ***и*** … (sowohl … als auch)
или …, ***или*** … (entweder … oder …)
ни …, ***ни*** … (weder … noch …)

In Verbindung mit der doppelten Konjunktion ***ни*** …, ***ни*** … musst du das Verb verneinen.

Achte darauf, dass du vor dem zweiten Element das Komma setzt!

2. Konditionalsätze (Bedingungssätze)
Прида́точные предложе́ния усло́вия

▶ *Диалог 3* S. 96; *Диалог 4* S. 12

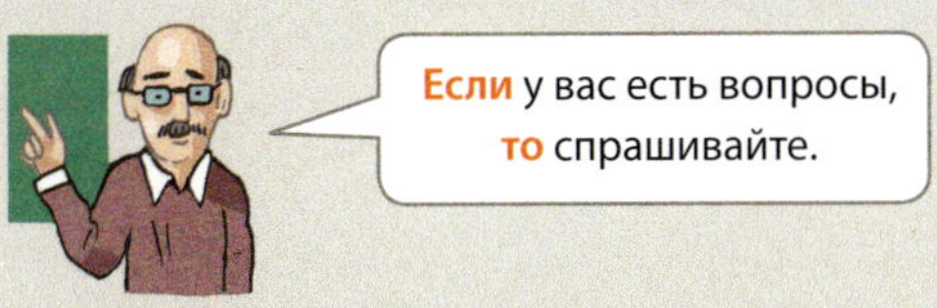

Если у меня будет время, **то** я пойду на пляж.
→ *real: Die Bedingung scheint erfüllbar.*

Если бы у меня было время, **то** я пошла **бы** на пляж.
→ *irreal: Die Bedingung ist unerfüllbar.*

Bei irrealen Bedingungen benutzt du den Konjunktiv.

Konditionalsätze (Bedingungssätze) haben die Struktur „wenn – dann" (**Bedingung → Folge**). Sie werden mit ***если*** …, ***то*** … eingeleitet, *то* ist dabei fakultativ.

Bedingungssätze drücken
– reale Bedingungen (die Situation ist möglich oder wahrscheinlich) oder
– irreale Bedingungen (die Situation ist unwahrscheinlich oder unmöglich) aus.

3. Kausalsätze
Прида́точные предложе́ния причи́ны

▶ *Диалог 4* S. 99

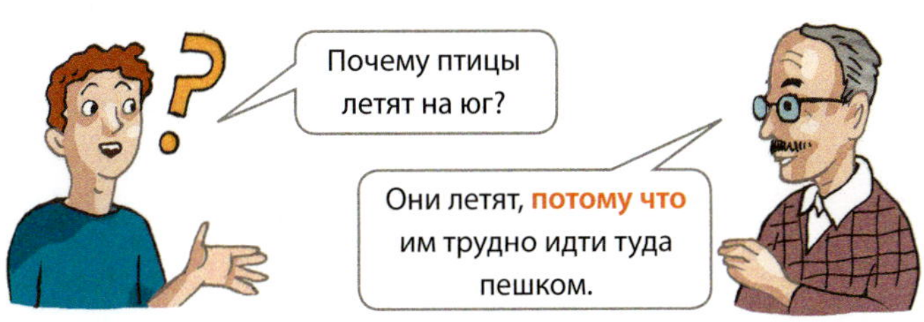

Kausalsätze geben eine **Begründung** zu einem Sachverhalt im Hauptsatz. Sie antworten auf die Frage *Почему?* und werden mit den Konjunktionen ***потому что*** oder ***так как*** eingeleitet. Am Satzanfang wird stets *так как* verwendet.

4. Konsekutivsätze
Предложе́ния сле́дствия

▶ *Диалог 4* S. 99

На юге осенью ещё солнечно, но уже не жарко, **поэтому** мы едем на юг.

Konsekutivsätze bezeichnen eine **Folge** aus dem Sachverhalt des vorhergehenden Satzes. Sie antworten auf Fragen wie *Что произошло вследствие этого?* oder *Что из этого следует?* Ein Konsekutivsatz wird mit der Konjunktion ***поэтому*** eingeleitet.

5. Finalsätze
Прида́точные предложе́ния це́ли

▶ *Диалог 3* S. 99

Finalsätze sind Nebensätze, die einen **Zweck**, ein **Ziel** oder eine **Absicht** ausdrücken. Sie antworten auf Fragen wie *Зачем? Для чего?* und werden mit Konjunktionen wie ***чтобы (для того, чтобы)*** eingeleitet.

6. Temporalsätze
Прида́точные предложе́ния вре́мени

▶ *Диалог 3* S. 91; *Диалог 4* S. 95–96

Перед тем как смотреть телевизор, Женя и Саша купили чипсы. *(vorzeitig)*

Когда они смотрели телевизор, они ели чипсы. *(gleichzeitig)*

После того как они посмотрели фильм, они выключили телевизор. *(nachzeitig)*

Temporalsätze drücken einen zeitlichen Bezug zwischen Handlungen im Neben- und Hauptsatz aus. Die Handlung im Hauptsatz kann
- vorzeitig → ***перед тем как*** (bevor),
- gleichzeitig → ***когда*** (als, während) oder
- nachzeitig → ***после того как*** (nachdem)

zur Handlung im Nebensatz stattfinden.

7. Unpersönliche Sätze
Безли́чные предложе́ния

▶ Диалог 4 S. 76

Тебе хочется спать? *Möchest du (gerne) schlafen?*
Нам не верится! *Wir können es kaum glauben/fassen.*
Нам не повезло. *Wir hatten kein Glück.*

Unpersönliche Sätze bezeichnen eine Handlung oder einen Zustand unabhängig von einer handelnden Person. Sie sind stets subjektlos. Häufig treten in unpersönlichen Sätzen unpersönliche Verben auf.

Unpersönliche Verben können nur in der 3. Person Singular (Präsens/Futur) oder in der neutralen Form des Präteritums verwendet werden.

Die Person, die von dem genannten Zustand betroffen ist oder Träger der Handlung ist, steht oft im Dativ.

8. Die Wiedergabe modaler Beziehungen
Выраже́ние мода́льных отноше́ний

▶ Диалог 4 S. 35

Notwendigkeit oder Verpflichtung

Person im **Dativ**	+	надо нужно	+	Infinitiv

Оле **нужно** пойти в магазин, потому что ей **надо** купить сок.

Wenn du ausdrücken möchtest, dass etwas getan werden muss bzw. notwendig ist, verwendest du ***надо*** oder ***нужно*** mit dem **Infinitiv**.

необходимо	+	Infinitiv

На свежем воздухе **необходимо** быть каждый день.

Du kannst auch ***необходимо*** *(es ist nötig/notwendig)* mit dem Infinitiv verwenden. Hier wird meistens die Person nicht genannt.

Person im **Nominativ**	+	до́лжен должна́ должно́ должны́	+	Infinitiv

Wenn du ausdrücken möchtest, dass jemand (moralisch) zu etwas verpflichtet ist oder etwas unbedingt tun soll, verwendest du ***до́лжен***, ***должна́***, ***должно́***, ***должны́*** mit dem Infinitiv.
Dabei wird *должен, должна, должно, должны* im Numerus und Genus an die Person angeglichen.

Beachte:
должен: sollen, (moralische) Verpflichtung;
надо/нужно: müssen, Notwendigkeit.

Möglichkeit oder Unmöglichkeit

можно	+	Infinitiv	*man kann (es ist möglich)*
невозможно	+	Infinitiv	*man kann nicht (es ist unmöglich)*
нельзя	+	Infinitiv *(v.)*	*man kann nicht (es ist unmöglich)*

Wenn du ausdrücken möchtest, dass etwas möglich oder nicht möglich ist, verwendest du ***можно***, ***невозмо́жно*** oder ***нельзя***. Das Subjekt wird meistens nicht genannt.

Erlaubnis oder Verbot

можно	+	Infinitiv	*man darf*
нельзя	+	Infinitiv *(uv.)*	*man darf nicht*

Wenn du ausdrücken möchtest, dass etwas getan bzw. nicht getan werden darf, verwendest du ***можно*** oder ***нельзя***.

Здесь **нельзя** кататься на велосипеде.

9. Die Wiedergabe von „brauchen" *ну́жен, нужна́, ну́жно, нужны́*

▶ *Диалог 4* S. 35

Person im **Dativ**	+	ну́же**н** нужн**а́** ну́жн**о** нужн**ы́**	+	benötigte(r) Person/ Gegenstand im **Nominativ**

„Brauchen" wird im Russischen mit ***ну́жен*** wiedergegeben. *Нужен, нужна, нужно, нужны* stimmen im Numerus und Genus mit dem Substantiv überein, das den benötigten Gegenstand oder die benötigte Person bezeichnet.

Achte auf den Unterschied:
Dativ + нужно + Infinitiv → müssen
Dativ + нуже**н** + Substantiv → brauchen
нужн**а**
нужн**о**
нужн**ы**

10. Entscheidungsfragen mit *ли*
Вопроси́тельные предложе́ния с части́цей *ли*

▶ *Диалог* 4 S. 19

	direkte Entscheidungsfrage	indirekte Entscheidungsfrage	
Entscheidungs-frage (erwartete Antwort *ja* oder *nein*)	Ты **хочешь** с нами пойти в кино?	Они спросили, **хочу ли** я пойти с ними в кино.	*ли* (*ob*) steht immer an zweiter Stelle, direkt hinter dem Wort, auf das eine Antwort erwartet wird.

Beachte, dass du in einem Satz in der indirekten Rede ein anderes Personal-pronomen verwenden musst als in der direkten Rede.

11. Sätze mit Gedankenstrich
Предложе́ния с тире́

▶ *Диалог* 4 S. 100

Моя мама – врач.
Два плюс два – четыре.
Учить три языка – думать о будущем.
Театр – это искусство.
Летом здесь можно плавать, а зимой – кататься на коньках.

Ein Gedankenstrich steht, wenn
– sich als Subjekt und Prädikat Substantive, Zahlwörter oder Infinitive gegenüberstehen,
– vor dem Prädikat *это* steht,
– ein Satzglied ausgelassen wird.

12. Intonation im Satz
Интона́ция

Die Intonation (Satzmelodie) spielt bei mündlichen Äußerungen eine wichtige Rolle.

Aussagesätze	Там Света.	Die Stimme wird am Ende des Satzes gesenkt.
Fragesätze mit Fragewort	Кто там?	Das Fragewort wird stärker betont, danach wird die Stimme gesenkt.
Aufforderungssätze	Дай мне ручку!	In Aufforderungssätzen wird der Imperativ stärker betont, danach wird die Stimme gesenkt.
Fragesätze ohne Fragewort	Он завтра придёт? – Нет, послезавтра. Он завтра придёт? – Да, придёт.	Die Stimme wird bei dem Wort, das erfragt wird, plötzlich und stark angehoben.

▶ Übungen zu den Sätzen findest du auf den Seiten 51–54.

Zur Wortbildung – К словообразова́нию

1. Bildung von Verben (durch Präfigierung)

► Диалог 3 S. 79

DE

идти – *gehen, kommen* → прийти – *ankommen.*

Wie im Deutschen können Präfixe (Vorsilben) im Russischen die Bedeutung des Verbs verändern.

Die Bedeutung der wichtigsten Präfixe

в(о)- *ein-, hinein-, herein-*

войти́/входи́ть
въе́хать/въезжа́ть

вы- *aus-, hinaus-, heraus-*

вы́йти/выходи́ть
вы́ехать/выезжа́ть

Саша вошла в музей в 10:00, а вышла из музея в 14:00.

при- *herbei-, ankommen; Erreichen des Ziels*

прийти́/приходи́ть
прие́хать/приезжа́ть

у- *weg-, fort-; Abwesenheit*

уйти́/уходи́ть
уе́хать/уезжа́ть

Автобус приехал в 8:30, а уехал в 8:35.

до- *Erreichen des Ziels, aber nicht unbedingt Aufenthalt*

дойти́/доходи́ть
дое́хать/доезжа́ть

от(о)- *weg-, fort-, ab-, los-; sich entfernen*

отойти́/отходи́ть
отъе́хать/отъезжа́ть

Когда ребята доехали до вокзала, поезд уже отъехал.

про- *durch etw. hindurch-, an etw. vorbei-*

пройти́/проходи́ть
прое́хать/проезжа́ть

По улице проехала машина.

пере- *hinüber-, überqueren*

перейти́/переходи́ть
перее́хать/переезжа́ть

Зина и Ира переходили улицу.

под(о)- *heran-, herbei-, hinzu-*

подойти́/подходи́ть
подъе́хать/подъезжа́ть

Света и Дима подошли к картине.

об(о)- *um … herum*

обойти́/обходи́ть
объе́хать/объезжа́ть

Вова обошёл здание музея, чтобы найти вход.

Beachte: *в**ъ**ехать/в**ъ**езжать, от**ъ**ехать/от**ъ**езжать, под**ъ**ехать/под**ъ**езжать* und *об**ъ**ехать/об**ъ**езжать* schreibt man mit -ъ.

2. Bildung von Substantiven

2.1. Komposita ▶ *Диалог 4* S. 11

медсестра = медицинская + сестра
медбрат = медицинский + брат
соцсеть = социальная + сеть
спортзал = спортивный + зал

радиопередача = радио- + передача
телеканал = теле- + канал
видеорепортаж = видео- + репортаж

веб-дизайнер = веб + дизайнер
веб-сайт = веб + сайт
офис-менеджер = офис + менеджер

Zusammengesetzte Substantive findest du im Russischen oft in den folgenden Kombinationen:

– verkürztes **Adjektiv + Substantiv**,

– verkürztes **Adjektiv** oder **Substantiv** (meistens Fremdwörter aus dem Lateinischen oder Altgriechischen) **+ Substantiv**,

– **Substantiv + Substantiv** (oft Entlehnungen aus dem Englischen oder aus anderen Sprachen).

2.2. Suffigierung ▶ *Диалог 3* S. 75; *Диалог 4* S. 71

DE

Я немка. А я россиянка.

Wie im Deutschen werden im Russischen viele Wörter durch Anfügen von Suffixen an den Wortstamm gebildet. Wenn du also den Stamm eines Wortes und die Bedeutung der Suffixe kennst, kannst du leicht die Bedeutung eines unbekannten Wortes erschließen.

Bildung von Vatersnamen

Bildung des weiblichen Vatersnamen (bei Töchtern):

Иван + -овна → Ивановна
Алексей + -евна → Алексеевна

Bildung des männlichen Vatersnamen (bei Söhnen):

Иван + -ович → Иванович
Алексей + -евич → Алексеевич

Ein vollständiger russischer Name besteht aus drei Teilen: Vorname (*имя*), Vatersname (*отчество*), Nachname (*фамилия*).

Den Vatersnamen leitest du vom Vornamen des Vaters ab.

Endet der maskuline Vatersname auf betontem ***-и́ч-***, dann endet die feminine Form auf ***-и́нична***:
Сергей Иль**и́ч** – Софья Иль**и́нична**

Bildung von Personen- und Berufsbezeichnungen

-ец (*Maskulinum*)*	Bezeichnet in der Regel – Nationalität, Einwohner eines Landes/ einer Gegend/einer Stadt; – einen Beruf.	Австрия – австриец Украина – украинец Италия – итальянец продавать – продавец
-ка (*Femininum*)	Bildet Feminina (oft von maskulinen Substantiven).	блондин – блондинка студент – студентка
-янин, -анин (*Maskulinum*) -янка, -анка (*Femininum*)	Bezeichnet in der Regel – Einwohner eines Landes; – einen Beruf/ sozialen Status.	Англия – англичанин/англичанка** Армения – армянин/армянка горожанин – горожанка крестьянин – крестьянка
-ик (*Maskulinum*) -ица (*Femininum*)	Bezeichnet in der Regel eine Person, die eine Tätigkeit ausführt.	ученик – ученица политик
-ист (*Maskulinum*) -истка (*Femininum*)	Bezeichnet in der Regel eine Person, die eine Tätigkeit ausführt.	журналист – журналистка пианист – пианистка турист – туристка
-тель (*Maskulinum*) -тельница (*Femininum*)	Bezeichnet in der Regel Berufe oder Tätigkeiten (entspricht oft dem deutschen Suffix *-er*).	писатель – писательница покупатель – покупательница учитель – учительница

* Beachte den Konsonantenwechsel: *Петербург – петербуржец, Прага – пражец.*

** -чанин/-чанка

Bildung von Abstrakta

-(а)ция (*Femininum*)	meistens von Wörtern aus dem Lateinischen abgeleitet	демонстра́ция, интона́ция, информа́ция, ситуа́ция, ста́нция
-ия (*Femininum*)	meistens von Wörtern aus dem Lateinischen oder Griechischen abgeleitet	биоло́гия, геогра́фия, эне́ргия, филосо́фия
-ость (*Femininum*)	von Adjektiven abgeleitet; bezeichnet in der Regel Eigenschaften	радостный – ра́дость юный – ю́ность
-изм (*Maskulinum*)	meistens von Fremdwörtern abgeleitet; bezeichnet Ideologien oder philosophische Richtungen/Konzepte	геро́изм, идеали́зм, реали́зм, романти́зм, коммуни́зм, фемини́зм
-(е)ние/-(а)ние (*Neutrum*)	von Verben abgeleitet	читать – чте́ние образовать – образова́ние
-тие (*Neutrum*)	von Verben abgeleitet	открыть – откры́тие развить – разви́тие
-ство (*Neutrum*)	von Verben, Substantiven und Adjektiven abgeleitet	дети – де́тство князь – княже́ство общий – о́бщество

3. Bildung von Adjektiven

▶ Диалог 3 S. 75

-ск-	von Substantiven abgeleitet	Австрия – австри́йский, Англия – англи́йский, Россия – росси́йский Украина – украи́нский, Франция – францу́зский*
-н-		запад – западный, север – северный, восток – восточный**, юг – южный**
-ическ-		автомат – автомати́ческий , драма – драмати́ческий история – истори́ческий, турист – туристи́ческий

* Betonung meistens auf der Silbe vor *-ский*
** Beachte den Konsonantenwechsel

4. Konsonantenwechsel

г – ж/з	Волга – волжский, книга – книжный, Норвегия – норвежский друг – дружба – дружить – друзья
д – ж/жд	город – горожанин, молодой – моложе, редкий – реже, родить – рождение
з – ж	мороз – мороженое
зк – ж	близкий – ближе, низкий – ниже, узкий – уже
к – ц/ч	казак – казацкий, восток – восточный, рука – ручной, лёгкий – легче
с – ш	высокий – выше
ст – щ	простой – проще
х – ш	воздух – воздушный, чех – чешский, тихий – тишина
ц – ч	лицо – личный, отец – отчество, сердце – сердечный, улица – уличный

5. Besonderheiten bei der Bildung von Substantiven

Ausfall von -e- oder -o- in der Deklination	день – Gen. Sg. дня, Nom. Pl. дни; немец – Gen. Sg. немца, Nom. Pl. немцы рынок – Gen. Sg. рынка, Nom. Pl. рынки; церковь – Gen. Sg. церкви, Nom. Pl. церкви
Nom. Pl. auf -á/-я́ Nom. Pl. auf -ья	город – города́, дом – дома́, вечер – вечера́, цвет – цвета́; учитель – учителя́ брат – бра́тья (Gen. Pl. бра́тьев), стул – сту́лья (Gen. Pl. сту́льев); друг – друзья́ (Gen. Pl. друзе́й), князь – князья́ (Gen. Pl. князе́й)
unterschiedliche Wortstämme	Nom. Sg. **ребёнок** – Nom. Pl. **дети**, Nom. Sg. **человек** – Nom. Pl. **люди**

Das Verb – Глаго́л

Die Aspekte des Verbs

1 **Какой вид глагола правильный? Посмотри на картинки и напиши, что Лара, Миша, папа и мама делали вчера.**

1. Когда Лара ______________________, Миша ______________________ уроки.
2. Когда папа ______________________, мама ______________________ фильм.
3. Сначала Миша ________________ уроки, а потом он ________________ на стадион.
4. Сначала мама ________________ фильм, а после этого она ________________ собаку.

2 **Выбери и подчеркни правильный вид глагола.**

Вчера Коля *встал/вставал* в 7 часов. Он быстро *приготовил/готовил* завтрак. На завтрак Коля *съел/ел* бутерброд и *выпил/пил* сок. Когда Коля *собрался/собирался* в школу, он *послушал/слушал* музыку. После школы он *купил/покупал* в магазине хлеб, бананы и йогурт. Вечером Коля сначала *поужинал/ужинал*, а потом *сделал/делал* уроки. Когда он *сделал/делал* уроки, он *подумал/думал* о школе.

Die präfigierten Verben der Fortbewegung

3 **Подбери к картинкам предложения.**

А Б В Г Д Е

1. Максим приезжает каждый вечер. ________
2. Лара выходит из школы. ________
3. Максим уехал в Мюнхен. ________
4. Лара пришла поздно. ________
5. Максим отошёл от Лары. ________
6. Лара приедет в 10 часов. ________

4 **Какой глагол подходит? Напиши его в нужной форме.**

1. Обычно Настя ____________ (выйти/выходить) из библиотеки в 6 часов.
2. Дима никогда не ____________ (перейти/переходить) улицу на красный свет.
3. Наш поезд ____________ (приехать/приезжать) в Самару завтра утром.
4. Олег ____________ (вынести/выносить) мусор два раза в неделю.
5. Мама каждый день ____________ (принести/приносить) домой продукты.
6. Завтра папа ____________ (прийти/приходить) домой в шесть часов.

Der Imperativ

5 **Что обозначают эти рисунки? Напиши предложения в императиве.**

M Не ешь(те)!

____

____

____

____

____

Der Konjunktiv

6 **О чём мечтает Олег? Напиши глаголы в сослагательном наклонении.**

Я так ____________ (хотеть) работать репортёром! Я ____________ (писать) интересные репортажи. Я ____________ (познакомиться) с интересными людьми. Я ____________ (ездить) в другие страны. Это ____________ (быть) здорово!

7 **Напиши предложения по образцу.**

M Покажите мне эту книгу. → Вы не могли бы показать мне эту книгу?

1. Скажите, как доехать до вокзала. ____________
2. Позвони мне сегодня вечером. ____________
3. Помогите мне, пожалуйста. ____________
4. Купи мне, пожалуйста, билет на концерт. ____________

Das Passiv

8 **Напиши предложения по образцу.**

M Эту книгу часто покупают школьники. → Эта книга часто покупается школьниками.

1. Директор открывает музей. ______
2. Мы организуем выставку. ______
3. Наша школа проводит соревнования. ______
4. Режиссёр снимает фильм. ______
5. Мальчики чинят велосипед. ______
6. Фирма *Феликс* строит новую школу. ______

9 **Измени предложения по образцу.**

M Пётр I основал Санкт-Петербург в 1703 году.
→ Санкт-Петербург был основан Петром I в 1703 году.

1. Пётр I назвал город в честь святого апостола Петра.
______
2. Екатерина II основала Музей Эрмитаж в Санкт-Петербурге в 1764 году.
______
3. Архитектор А. Воронѝхин построил Казанский вокзал в Москве в 1864 году.
______
4. Московское метро открыли в 1935 году.
______

Die Partizipien

10 **Напиши предложения. Замени причастие предложением с местоимением *который*.**

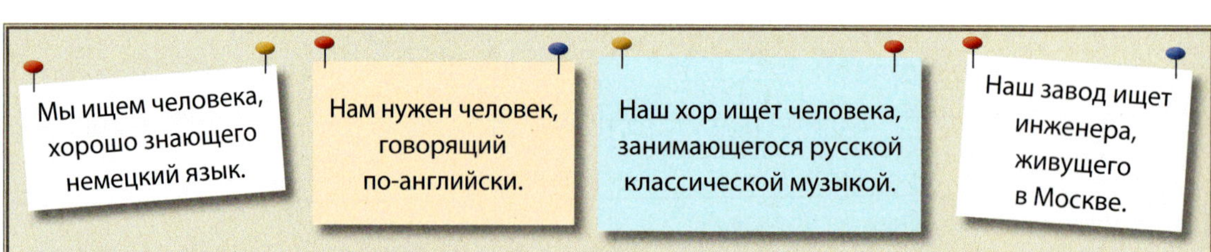

______
______
______
______

11 **Кто кого как называет? Допиши.**

Это Света, называемая Сашей Светуля.
А это Маша, называющая Сашу Сашуля.
Это Саша, назвавший Машу Машкой.
А это Паша, названный Светой Пашка.

1. Как Света назвала Пашу? ______________.
2. Как Саша назвал Машу? ______________.
3. Как Маша называет Сашу? ______________.
4. Как Саша называет Свету? ______________.

Die Adverbialpartizipien

12 **а) Напиши глаголы к подчёркнутым деепричастиям.**

Разговаривая по телефону, Саша смотрит телевизор. ______________

Посмотрев фильм до конца, он вышел на улицу. ______________

Переходя через дорогу, Саша увидел своего друга Андрея. ______________

Перейдя через дорогу, Саша подошёл к нему. ______________

Стоя на улице, друзья задавали друг другу много вопросов. ______________

Рассказав все свои новости, они пошли домой, договорившись о новой встрече.

____

б) Что было сначала, а что потом? Измени предложения из упр. 12а и напиши их в тетради. Используй следующие союзы. Иногда возможны разные варианты.

когда | и | сначала | потом

Das Substantiv – Имя существи́тельное

Die III. Deklination der Substantive

13 **Дополни окончания.**

1. В Москве есть много достопримечательност______.
2. Вот план города с достопримечательност______.
3. Наш учитель часто рассказывает нам о Красной площад______ и о старых церкв______ в Москве.
4. Какими новост______ ты интересуешься, какие новост______ тебе нравятся?
5. Костя посетил доч______ своей тёти, Аню и Свету.
6. У многих мат______ нет врем______, чтобы заняться своим хобби.

> Вспомни:
> дочь → *Gen.* доч**ери**
> мать → *Gen.* мат**ери**
> время → *Gen.* врем**ени**

Die Deklination von Familiennamen

14 **Вопросы по литературе. Допиши, где нужно, окончания фамилий.**

Встречался ли писатель Пушкин______ с писателем Лермонтов______? Слышал ли Пушкин______ о Лермонтов______? Знал ли Лермонтов______ Пушкин______?

Ты знаешь Марину Цветаев______? Ты читал/а уже что-нибудь о Цветаев______? Ты знаком/а с произведениями Цветаев______? У Цветаев______ есть стихотворение о Пушкин______. Ты знаешь, как называется это стихотворение Цветаев______?

Das Adjektiv – И́мя прилага́тельное

Die Steigerung des Adjektivs

15 **Чья вода дешевле/дороже? Кто купил самую дешёвую/дорогую воду? Сравни.**

1. Самую ____________ воду купила Лена, а самую ______________ воду купил Вадим.
2. Вода Лены ________________, чем вода Максима, Жени и Вадима.
3. Вода Вадима ________________________________ Лены, Максима и Жени.
4. Вода Максима __________________________ Лены и Жени, но __________________ ____.
5. Вода Жени ______________________________________, но ____________________ ____.

16 **Россия в рекордах. Найди прилагательные и напиши предложения с суперлативом в тетради. Какие варианты возможны?**

река Лена
4294 км

Оймяко́н
–71 °C.

озеро Байкал
1642 м

гора Эльбру́с
5642 м

Москва
12 млн

железная дорога – Транссиб
9289 км

Das Adverb – Наре́чие

17 **Как ещё можно сказать? Замени прилагательное наречием образа действия.**

М Январь – холодный месяц. → В январе холодно.

1. Ян знает русский язык. → Ян говорит ______________________.
2. Лето – это тёплое время года. → Летом ______________________.
3. Зимы в России холодные. → В России зимой ______________________.
4. Рита написала имейл на немецком языке. → Рита написала имейл ______________________.

18 **Дополни неопределённые наречия с *-нибудь* или с *-то*.**

1

2

3

19 **Ответь отрицательно. Используй отрицательные наречия.**

1. – Ты где сегодня был?
   – Я сегодня ______________________ не был.
2. –Ты куда хочешь пойти в воскресенье?
   – Я ______________________ не хочу идти в воскресенье.
3. – Ты когда хочешь пойти в бассейн?
   – Я ______________________ больше не пойду в бассейн.

20 **Как ты думаешь? Сравни и дополни предложения.**

М Ездить на такси дороже, чем ездить на автобусе.
(Ездить на такси более дорого, чем ездить на автобусе.) (дорогой)

интересный | скучный | полезный | трудный | вредный

1. Смотреть фильмы ______________________, чем читать книги.
2. Гулять в парке ______________________ для здоровья, чем заниматься спортом.
3. Есть шоколад ______________________, чем есть мороженое.
4. Играть на пианино ______________________, чем играть на гитаре.

Das Pronomen – Местоимéние

Die Possessivpronomen

21 **Дополни предложения притяжательными местоимениями.**

Это м______ (1) семья: м______ (2) дедушка, м______ (3) бабушка, м______ (4) родители и м______ (5) жена Юлия. А это н______ (6) дети: н______ (7) сын Володя и н______ (8) дочери Маша и Настя.

22 ***Его, её* или *их*? Вставь правильное местоимение.**

1. Это Вадим и Алла. А это ______ сын Серёжа.
2. Это мой друг Костя и ______ собака Буран.
3. Это моя подруга Таня. А это ______ сестра.
4. Это Лара. А это ______ брат.
5. Это Боря и ______ родители.
6. Это Коля и Оля и ______ кот.

23 **Вставь местоимение *свой*.**

У Кости есть брат и сестра. Он часто рассказывает о ______ (1) брате и о ______ (2) сестре. Обычно он со ______ (3) братом занимается спортом, а со ______ (4) сестрой ходит в бассейн. Иногда Костя помогает ______ (5) брату делать домашние задания.

24 **Вставь правильное местоимение. Иногда возможны несколько вариантов.**

1. Расскажи мне о ______ семье, о ______ родителях, о ______ брате и о ______ сестре.
2. Обычно я занимаюсь спортом с(о) ______ друзьями.
3. Мы любим ______ детей, ______ жизнь, ______ город.
4. Брат Дениса хорошо играет в футбол, а ______ сестра хорошо играет в теннис.
5. Костя и ______ брат часто ходят на стадион смотреть футбол.
6. У мамы есть подруга. ______ подруга живёт рядом. Мама часто ходит к ______ подруге.

Die Interrogativpronomen (Fragepronomen)

25 **Вставь местоимение *чей* в правильной форме.**

Die Demonstrativpronomen

26 **Дополни местоимение *этот* или *тот* в правильной форме.**

1. – Э__________ блузка дорогая, а т__________ дешёвая!
2. – Смотри, т__________ платье красивое, а э__________ не очень!
3. – Э__________ брюки модные, а т__________ уже вышли из моды!
4. – В э__________ свитере я выгляжу лучше, чем в т__________!
5. – У э__________ ботинок цвет лучше, чем у т__________!
6. – На э__________ одежду есть скидка, а на т__________ нет!

Die Negativpronomen

27 **Света и Наташа говорят по телефону. Напиши ответы Наташи с отрицательными местоимениями.**

1. – Что ты делаешь? ____________________
2. – Чем ты занимаешься? ____________________
3. – О чём ты думаешь? ____________________
4. – Во что ты играешь? ____________________
5. – Какую музыку ты слушаешь? ____________________
6. – Кому ты звонила? ____________________
7. – С кем ты гуляла? ____________________
8. – Кого ты видела вчера? ____________________
9. – Кто к тебе приходил сегодня? ____________________

Die Indefinitpronomen

28 **Вставь местоимение с *-то* или с *-нибудь*.**

– Ко мне __________ (1) приходил, когда меня не было?

– Да, приходил __________ (2) мальчик. Он сказал, что придёт завтра.

– А __________ (3) звонил?

– Да, тебе звонила __________ (4) девочка, но она не сказала своего имени.

– Она просила мне __________ (5) сказать?

– Да, она сказала, что сегодня не будет __________ (6) кружка.

– Понятно.

Das Determinativpronomen *весь*

29 **Дополни местоимение *весь* в правильной форме.**

Даша и ______________ (1) её подруги готовились ______________ (2) месяц к экзамену по английскому языку. Они прочитали ______________ (3) тексты, сделали ______________ (4) задания, были на ______________ (5) уроках, выучили ______________ (6) новые слова и ______________ (7) грамматику. Им ______________ (8) было ______________ (9) понятно, поэтому они знают, что они хорошо сдадут экзамен. У ______________ (10) девочек был трудный месяц. Но ______________ (11) хорошо, что хорошо кончается!

Das Reziprokpronomen *друг друга*

30 **Дополни местоимение *друг друга* в правильной форме.**

Что такое дружба? Дружба – это значит понимать друг ______________ (1), любить друг ______________ (2), делать всё друг для ______________ (3), говорить друг с ______________ (4), помогать друг ______________ (5), гордиться друг ______________ (6), говорить друг ______________ (7) комплименты, всё знать друг о ______________ (8) и рассказывать друг ______________ (9) о своих мечтах!

Das Zahlwort – Числи́тельное

31 **Напиши числительные словами и дополни окончания существительных.**

1. У Тани есть ______________ (2) сестр______, ______________ (3) брат______, ______________ (1) дедушк______ и ______________ (2) бабушк______.
2. Костя купил ______________ (1) пицц______, ______________(2) карандаш______, ______________ (4) тетрад______, ______________ (2) булочк______.
3. Настя завтракает с ______________ (6) до ______________ (7), потом она работает с ______________ (8) до ______________ (12). После обеда Настя работает с ______________ (2) до ______________ (5).
4. Маша работает в бюро. Сегодня она встретилась с ______________ (5) важными людьми, познакомилась с ______________ (2) новыми коллегами и написала ______________ (30) имейлов.
5. Вика поехала путешествовать с ______________ (7) подругами и с ______________ (4) друзьями. Они были в ______________ (3) странах и в ______________ (8) городах.

32 **Напиши числа словами.**

½ – ______ ⅔ – ______

¼ – ______ ¾ – ______

⅕ – ______ ⅚ – ______

33 **Как ещё можно сказать? Напиши все варианты.**

1 2 3

______

______

______

______

______

Die Sätze – Предлож**é**ния

Konditionalsätze

34 **Посмотри на картинки и прочитай текст. К какой картинке он подходит?**

Если бы сегодня не пошёл снег,
то я не катался бы на лыжах.
Если бы сегодня светило солнце,
то я пошёл бы гулять в парк.
И если завтра тоже будет снег,
то я пойду кататься на лыжах.
А если снега не будет,
то я пойду гулять в парк.

1

2

35 **Измени предложения по образцу.**

М Аня сегодня проспала, поэтому она не пришла на первый урок.
→ Если бы Аня сегодня не проспала, она пришла бы на первый урок.

1. Я хотел бы написать Свете эсэмэску, но не знаю, какой у неё номер телефона.

   Если бы я ______ её номер телефона, то я ______ бы ей эсэмэску.

2. У меня нет времени, чтобы поехать отдыхать на море.

   Если ______

3. Мне ещё не предложили роль в фильме. Я так хочу сыграть настоящего героя.

   Если ______

4. Я хочу поехать в Австралию, но я не знаю, где мне там жить.

   ______

Kausal-, Konsekutiv- und Finalsätze

36 ***Поэтому** или **потому что**? Что правильно? Составь предложения.*

1. Моя бабушка плохо слышит.	поэтому	Я говорю с ней громко.
2. Я часто хожу гулять.	потому что	Это полезно для здоровья.
3. Я люблю отдыхать на море.		Я люблю плавать.
4. В яблоках много витаминов.		Я ем их каждый день.

37 **Составь предложения с *чтобы*.**

1. Том учит русский язык. Он хочет поехать в Россию.

2. Юля учит английский язык. Она хочет работать в Лондоне.

3. Женя купила подарок маме. Она подарит ей его сегодня вечером.

4. Школьникам нужны каникулы. Им нужно отдохнуть от учёбы.

5. Оля и Женя идут сегодня в музей. Они хотят больше узнать об искусстве.

Temporalsätze

38 **Измени предложения. Используй *когда, перед тем как* или *после того как*. Иногда возможны два варианта.**

1. – Ты уже уходишь? Мы хотели бы ещё сделать тебе подарок.

2. Сначала подумай, а потом отвечай.

3. Сначала я посмотрю фильм, а потом пойду в фитнес-центр.

4. Мы ждали автобус и в это время фотографировали друг друга.

5. Когда гости ушли, мы легли спать.

6. Я люблю слушать музыку и работать одновременно.

Unpersönliche Sätze

39 **Скажи по-другому.**

M Я хочу поехать в Сибирь. → Мне хочется поехать в Сибирь.

1. Она хочет посмотреть новый фильм молодого режиссёра.
2. Не хочешь ли ты посмотреть новый фильм в кино?
3. Мы так хотим летом отдохнуть на море!

Die Wiedergabe modaler Beziehungen

40 **Вставь *должен* в правильной форме.**

Любовь с первого взгляда

Он подумал, что ____________ (1) купить себе новую рубашку, чтобы пойти на вечеринку к другу. Она подумала, что ____________ (2) купить себе новую блузку, чтобы пойти на вечеринку к подруге. В магазине *Одежда* их глаза встретились и они решили, что ____________ (3) вместе решить, куда им вечером пойти.

41 **Что ответил учитель? Вставь слова *можно, нельзя*.**

1. – Можно мне включить компьютер?
   – Нет, компьютер включать ____________.
2. – Здесь можно играть в футбол?
   – Да, здесь ____________ играть в футбол.
3. – Мы можем фотографировать в музее?
   – Вам ____________ фотографировать в музее, потому что у вас нет разрешения.

42 **Напиши правильные советы. Используй следующие слова. Иногда возможны несколько вариантов ответов.**

надо | нужно | нельзя | необходимо | можно | невозможно

Вредные советы	**Полезные советы**
1. Можно учиться всё время! Нельзя отдыхать.	____________
2. Вечером необходимо есть сладкое.	____________
3. Нельзя рано вставать, если тебе надо рано идти в школу.	____________
4. Если тебе нужна помощь, невозможно попросить о помощи друзей.	____________

Die Wiedergabe von „brauchen“

43 **Кому что нужно? Составь и напиши предложения к картинкам. Используй *нужен, нужна, нужно, нужны*.**

1. Сергею ______
2. Тёте Лиде ______
3. Собаке ______
4. Ученику ______
5. Маме ______
6. Папе ______

Entscheidungsfragen mit *ли*

44 **У Марины было собеседование. Прочитай вопросы, которые ей задали и напиши, что спросили Марину.**

1. Ты знаешь английский язык?
2. Ты можешь работать на выходных?
3. Тебе нравится работать с людьми?

Марину спросили, ______

______

______

1 1. рисовала, делал
2. читал, смотрела
3. сделал, пошёл
4. посмотрела, выгуляла

2 встал; приготовил; съел, выпил; собирался, слушал; купил; поужинал, сделал; делал, думал

3 1. Е; 2. А; 3. В; 4. Б; 5. Г; 6. Д

4 1. выходит; 2. переходит; 3. приедет; 4. выносит; 5. приносит; 6. придёт

5 Не фотографируй(те)!
Не езди(те) на вилосипеде! Не играй(те) в футбол!
Не говори(те) (громко)! Не слушай(те) музыку!

6 хотел бы; писал бы; познакомился бы; ездил бы; было бы

7 1. Вы не могли бы мне сказать, как доехать до вокзала?
2. Ты не мог/могла бы позвонить мне сегодня вечером?
3. Вы не могли бы мне помочь?
4. Ты не мог/могла бы мне купить билет на концерт?

8 1. Музей открывается директором.
2. Выставка организуется нами.
3. Соревнования проводятся нашей школой.
4. Фильм снимается режиссёром.
5. Велосипед чинится мальчиками.
6. Новая школа строится фирмой *Феликс*.

9 1. Город был назван Петром I в честь святого апостола Петра.
2. Музей Эрмитаж в Санкт-Петербурге был основан Екатериной II в 1764 году.
3. Казанский вокзал в Москве был построен архитектором А. Воронихиным в 1864 году.
4. Московское метро было открыто в 1935 году.

10 Мы ищем человека, который хорошо знает немецкий язык.
Нам нужен человек, который говорит по-английски.
Наш хор ищет человека, который занимается русской классической музыкой.
Наш завод ищет инженера, который живёт в Москве.

11 1. Пашка; 2. Машка; 3. Сашуля; 4. Светуля

12 а) 1. разговаривать; 2. посмотреть; 3. переходить; 4. перейти; 5. стоять; 6. рассказать, договориться
б) 1. Когда Саша разговаривал по телефону, он смотрел телевизор./ Саша разговаривал по телефону и смотрел телевизор.
2. Сначала он посмотрел фильм до конца, потом вышел на улицу.
3. Когда Саша переходил через дорогу, он увидел своего друга Андрея.
4. Сначала Саша перешёл через дорогу, а потом он подошёл к нему.
5. Друзья стояли на улице и задавали друг другу много вопросов.
6. Сначала они рассказали все свои новости и договорились о новой встрече, а потом они пошли домой.

13 1. (много) достопримечательностей; 2. (с) достопримечательностями; 3. (о) плошади, (о) церквях; 4. новостями, новости; 5. дочерей; 6. (у) матерей, (нет) времени

14 1. Пушкин, (с) Лермонтовым; Пушкин, (о) Лермонтове; Лермонтов, Пушкина;
2. Цветаеву; (о) Цветаевой; Цветаевой; (У) Цветаевой, (о) Пушкине; Цветаевой

15 1. дешёвую; дорогую; 2. дешевле; 3. дороже воды/ дороже, чем вода; 4. дороже воды/ дороже, чем вода …, но дешевле воды/ дешевле, чем вода Вадима; 5. дороже воды/ дороже, чем вода Лены, но дешевле воды/ дешевле, чем вода Максима и Вадима.

16 Река Лена самая длинная река/ длиннее всех рек в России.
Оймяко́н самое холодное место/ холоднее всех мест в мире (, где живут люди).
Озеро Байкал самое глубокое озеро/ глубже всех озёр в мире.
Эльбрус самая высокая гора/ выше всех гор России.
Москва самый большой город/ больше всех городов России.
Транссиб самая длинная железная дорога/ длиннее всех железных дорог в мире.

17 1. по-русски; 2. тепло; 3. холодно; 4. по-немецки

18 1. куда-нибудь; 2. где-нибудь, где-то, где-то; 3. куда-то

19 1. нигде; 2. никуда; 3. никогда

20 *Например*: 1. интереснее/скучнее (более/менее интересно/скучно); 2. полезнее (более/менее полезно); 3. вреднее (более/менее вредно); 4. труднее (более/менее трудно)

21 1. моя; 2. мой; 3. моя; 4. мои; 5. моя; 6. наши; 7. наш; 8. наши

22 1. их; 2. его; 3. её; 4. её; 5. его; 6. их

23 1. своём; 2. своей; 3. своим; 4. своей; 5. своему

24 1. своей/твоей, своих/твоих, своём/твоём, своей/твоей;
2. со своими/ с моими;
3. своих/наших, свою/нашу, свой/наш;
4. его;
5. его;
6. Её, своей

25 1. Чья; 2. Чей; 3. Чьи; 4. Чья; 5. Чьё; 6. Чьи

26 1. Эта, та; 2. то, это; 3. Эти, те; 4. этом, том; 5. этих, тех; 6. эту, ту

27 1. Я ничего не делаю.
2. Я ничем не занимаюсь.
3. Я ни о чём не думаю.
4. Я ни во что не играю.
5. Я никакую музыку не слушаю.
6. Я никому не звонила.
7. Я ни с кем не гуляла.
8. Я никого не видела вчера.
9. Ко мне никто сегодня не приходил.

28 1. кто-нибудь; 2. какой-то; 3. кто-нибудь; 4. какая-то; 5. что-нибудь; 6. какого-то

29 1. все; 2. весь; 3. все; 4. все; 5. всех; 6. все; 7. всю; 8. всем; 9. всё; 10. всех; 11. всё

30 1. друга; 2. друга; 3. друга; 4. другом; 5. другу; 6. другом; 7. другу; 8. друге; 9. другу

31 1. две сестры, три брата, один дедушка, две бабушки;
2. одну пиццу, два карандаша, четыре тетради, две булочки;
3. (с) шести (до) семи, (с) восьми (до) двенадцати, (с) двух (до) пяти;
4. (с) пятью, (с) двумя, тридцать;
5. (с) семью, (с) четырьмя, (в) трёх, (в) восьми

32 одна вторая; одна четвёртая; одна пятая; две третьих; три четвёртых; пять шестых

33 1. одна вторая (часть) – половина – пятьдесят процентов;
2. одна третья (часть) – (одна) треть – тридцать три процента;
3. одна четвёртая (часть) – (одна) четверть – двадцать пять процентов

34 Текст подходит ко второй картинке.

35 1. знал, написал;
2. (Если) бы у меня было время, то я поехал/а бы отдыхать на море.
3. (Если) бы мне предложили роль в фильме, то я хотел бы сыграть настоящего героя.
4. Если бы я знал/а, где мне жить в Австралии, то я поехал/а бы туда.

36 1. поэтому; 2. потому что; 3. потому что; 4. поэтому

37 1. Том учит русский язык, чтобы поехать в Россию.
2. Юля учит английский язык, чтобы работать в Лондоне.
3. Женя купила подарок маме, чтобы подарить ей его сегодня вечером.
4. Школьникам нужны каникулы, чтобы отдохнуть от учёбы.
5. Оля и Женя идут сегодня в музей, чтобы больше узнать об искусстве.

38 1. Перед тем как ты уйдёшь, мы хотели бы сделать тебе подарок.
2. Перед тем как отвечать, (сначала) подумай./ Отвечай, после того как ты подумал/а.
3. Я пойду в фитнес-центр, после того как посмотрю фильм./ Перед тем как пойти в фитнес-центр, я посмотрю фильм.
4. Когда мы ждали автобус, мы фотографировали друг друга.
5. После того как гости ушли, мы легли спать.
6. Когда я работаю, я люблю слушать музыку.

39 1. Ей хочется … 2. Тебе (не) хочется … 3. Нам так хочется …

40 1. должен; 2. должна; 3. должны

41 1. нельзя; 2. можно; 3. нельзя

42 1. Нельзя/Невозможно учиться всё время! Необходимо/Нужно/Надо отдыхать.
2. Вечером нельзя есть сладкое.
3. Нужно/Надо/Необходимо рано вставать, если тебе надо рано идти в школу.
4. Если тебе нужна помощь, можно попросить о помощи друзьей.

43 1. Сергею нужны брюки.
2. Тёте Лиде нужен врач.
3. Собаке нужна вода.
4. Ученику нужен карандаш.
5. Маме нужно полотенце.
6. Папе нужны деньги.

44 1. Марину спросили, знает ли она английский язык, может ли она работать на выходных и нравится ли ей работать с людьми.